WIE WERDE ICH INFLUENCER?

WIE WERDE ICH INFLUENCER?

DAS PRAKTISCHE BUCH FÜR ALLE,
DIE MIT SOCIAL MEDIA MARKETING GELD VERDIENEN
UND ERFOLGREICH WERDEN MÖCHTEN

Mia Fischer

Impressum

Bibliografische Information der Deutschen Nationalbibliothek: Die Deutsche Nationalbibliothek verzeichnet diese Publikation in der Deutschen Nationalbibliografie; detaillierte bibliografische Daten sind im Internet über dnb.dnb.de abrufbar.

© 2020 Mia Fischer

Herstellung und Verlag: BoD – Books on Demand, Norderstedt

ISBN: 978-3-7528-9848-4

Haftungsausschluss

Die Inhalte dieses Buches wurden mit größter Sorgfalt erstellt. Für die Richtigkeit, Vollständigkeit und Aktualität der Inhalte kann der Autor jedoch keine Gewähr übernehmen. Dieses Buch enthält ggf. Links zu Webseiten Dritter, auf deren Inhalte der Autor keinen Einfluss hat. Deshalb kann für diese fremden Inhalte auch keine Gewähr übernommen werden. Für die Inhalte der verlinkten Seiten ist stets der jeweilige Anbieter oder Betreiber der Seiten verantwortlich. Die verlinkten Seiten wurden zum Zeitpunkt der Verlinkung auf mögliche Rechtsverstöße überprüft. Rechtswidrige Inhalte waren zum Zeitpunkt der Verlinkung nicht erkennbar. Eine permanente inhaltliche Kontrolle der verlinkten Seiten ist jedoch ohne konkrete Anhaltspunkte einer Rechtsverletzung nicht zumutbar. Bei Bekanntwerden von Rechtsverletzungen werden derartige Links umgehend entfernt. Der Autor hat sich bemüht, so genau und vollständig wie möglich das behandelte Thema zu verfassen. Alle Rechte, insbesondere das Recht der Vervielfältigung und Verbreitung sowie der Übersetzung, vorbehalten.

Vorwort

Der Begriff *Influencer* ist heute Omnipräsent. Unternehmen setzen auf junge und digital vernetzte Vorbilder, die ihre Produkte testen und sich mit ihren Produkten zeigen. Die Idee dahinter ist simpel: Influencer als sogenannte Testimonials einzusetzen verspricht einen größeren Werbe- und Verkaufserfolg als die klassischen Medien. Niemand lässt sich mehr von Marketing-Slogans in Print oder digitalen Newslettern und Bannern wirklich beeindrucken. Konsumenten sind heute so emanzipiert, dass sie die Werbetricks durchschauen und dagegen resistent sind oder im schlimmsten Fall sogar eine Reaktanz – also Gegenreaktionen wie zum Beispiel Abneigung – entwickeln.

Digitale Vorbilder hingegen haben einen Vertrauensvorschuss bei den so genannten Followern. Wird ein Produkt, ein Spiel, eine Dienstleistung oder etwas anderes von Influencern gut bewertet oder geliked, ist der Erfolg häufig Formsache. Was früher auf dem Pausenhof der „Coolness-Faktor" war und zur Nachahmung motivierte, findet heute in den sozialen Medien bei einem weitaus größeren Publikum statt. Aber auch Influencer profitieren stark von ihrem Dasein.

Neben häufig vielen tausenden Euro an Werbeeinnahmen und Marketinggeldern für erfolgreiche Influencer, bekommen bereits angehende Influencer die zu testenden

Produkte häufig geschenkt oder können diese zumindest für einen gewissen Zeitraum privat nutzen. Immer mehr junge Menschen möchten an diesem sozialen Trend nicht nur passiv als Follower teilnehmen, sondern auch aktiv als Influencer einen Status als Social Media Größe bis hin zum Social Media Star erlangen. Der besondere Reiz liegt darin, sein Hobby zum Beruf zu machen. Influencer für Videogames, Influencer für Mode, Influencer für Lifestyle-Themen – die Möglichkeiten sind schier unerschöpflich.

Mein Buch richtet sich an alle, die selber Influencer werden möchten und verrät dabei, was einen Influencer ausmacht und wie man zum Influencer wird. Der Weg dahin ist verblüffend einfach – ein Smartphone und ein Internetzugang reichen mittlerweile aus, um sich in den sozialen Netzwerken zu vermarkten. Dieses Buch zeigt euch die Grundlagen für angehende Influencer auf und hilft darüber hinaus mit vielen praktischen Tipps und Tricks, tatsächlich zum Influencer zu werden.

Für wissenschaftliche Grundlagenforschung zu diesem Bereich verweise ich auf andere Fachliteratur – hier geht es ausschließlich darum, euch einen Influencer-Leitfaden zur Verfügung zu stellen.

Sieh nicht länger zu, wie andere durch YouTube und Co. ihren Traum leben und ihr Hobby zum Beruf machen – mach es ihnen gleich und werde auch Du zum Influencer!

Kapitel 1
Was ist ein Influencer?

Die Geschichte der Influencer

Grundlagen des Influencer- und Social Network Marketing

Beispiele erfolgreicher Influencer und deren Erfolgsrezepte

Kapitel 2
Wie werde ich Influencer?

Schritt 1: Vision – Wofür möchtest du als Influencer stehen?

Schritt 2: Zielsetzung – Welches Thema möchtest du behandeln?

Schritt 3: Planung – Welche Plattform ist die richtige für dich?

Schritt 4: Umsetzung – Welche Ausstattung benötigst du?

Kapitel 3
Das Influencer 1x1 – Als Influencer erfolgreich werden

Die Monetarisierung – Wie verdienst du als Influencer Geld?

Die Ansprache – Wie nimmst du deine Zielgruppe richtig mit?

Das Handwerkliche – Wie begeisterst du deine Follower?

Der Erfolg – Wie gewinnst du Relevanz und Follower?

Kapitel 4
Die Checkliste – Schritt für Schritt zum Influencer

Kapitel 1

Was ist ein Influencer?

Um als Influencer durchzustarten ist es zunächst wichtig, ein Verständnis dafür zu haben, was ein Influencer überhaupt ist. Ein Influencer ist ein Meinungsführer für einen bestimmten Lebensbereich oder für eine bestimmte Zielgruppe.

Diese Lebensbereiche – die Nischen in denen sich Influencer bewegen – können verschiedene Branchen wie beispielsweise Gaming, Lifestyle, Autos, Ernährung oder auch Minimalismus sein.

In der Regel haben sich Influencer in ihren Nischen einen Experten-Status erarbeitet und verschaffen ihren Followern durch sinnvolle und hilfreiche Tipps und Tricks einen praktischen Nutzen. Je höher der wahrgenommene Mehrwert eines Influencers für seine Follower ist, desto stärker sind diese an ihn gebunden. Bei einem Influencer handelt es sich somit um eine Person, die insbesondere in sozialen Netzwerken ein hohes Ansehen genießt und viele Follower hat. Man unterscheidet dabei zwischen folgenden Arten von Influencern:

Key Influencer sind zumeist Markenbotschafter, Journalisten oder Blogger, welche durch ihre Präsenz im Netz eine große Reichweite haben. Bei ihren Followern genießen sie ein hohes Maß an Wertschätzung und sie gelten als Vorbilder und Experten.

Social Influencer geben Empfehlungen und äußern ihre Meinung zu Produkten, Marken und Unternehmen öffentlich, wodurch sie natürlich auch das Kaufverhalten der Kunden beeinflussen. Auch das sogenannte *Let's Play* kann den Social Influencern zugeordnet werden.

Peer Influencer stehen in einer Verbindung mit einem oder mehreren Unternehmen und beeinflussen das Kaufverhalten anderer Kunden durch ihre Erfahrung und Meinung, aber auch aufgrund ihrer Persönlichkeit.

Dieses Buch behandelt somit euren Weg zum Social Influencer gemeint, da ihr zu Beginn als Privatperson noch über keine Verbindung zu einem Unternehmen verfügt (Peer Influencer) und normalerweise auch keine berufsnahe Influencer-Tätigkeit (Key Influencer) ausübt. Somit ist das Ziel des Buchs, dass ihr euch über eine oder mehrere Social Media Plattformen zu einem Social Influencer entwickelt. Genau diese Personen werden in zunehmendem Maß von Unternehmen für Werbung und die Vermarktung ihrer Produkte und Dienstleistungen genutzt. Das bedeutet: Weil Influencer als Vertrauenspersonen gelten, greifen ihre Follower eher zu

Produkten und Dienstleistungen, welche von den Influencern empfohlen werden. Insbesondere Start-ups, die oftmals mit einem geringen Budget arbeiten müssen, können mit der Hilfe von Influencern ihre Reichweite und damit auch den Bekanntheitsgrad massiv steigern sowie Verkäufe erzielen.

Kerneigenschaft eines Influencers ist dabei jedoch auch seine Objektivität und Neutralität. Der Grat zwischen dem Dasein als Influencer und dem Wandel hin zur Werbefigur ist dabei sehr schmal. Hier besteht die Gefahr, dass ein Influencer seine Meinungsführerschaft verlieren kann, wenn seine Follower merken, dass das Urteil des Influencers über ein Unternehmen oder ein Produkt ausschließlich aus einem Eigeninteresse gefällt wird. Denkbar ist hier, dass ein Unternehmen eine Geldzahlung vornimmt, damit ein Influencer sich positiv über ein bestimmtes Produkt dieses Unternehmens äußert. Hiermit würde der Influencer – sollten seine Follower dies erkennen – seine Autorität und die Wertschätzung seiner Follower einbüßen.

Darüber hinaus muss ein Influencer nicht zwangsweise in Verbindung zu Produkten oder Dienstleistungen stehen und als Tester agieren. Eine Vielzahl an Influencern behandelt lediglich ein bestimmtes Nischen-Thema und fungiert eher als Coach seiner Follower. Diese Influencer erzielen ihr Einkommen somit größtenteils aus Werbung, die über den jeweiligen Kanal geschaltet wird.

Die Geschichte der Influencer

Aber wie entstand überhaupt der Begriff des Influencers?

Geprägt wurde der Begriff Influencer von *Robert Cialdini*, einem US-amerikanischen Wirtschaftswissenschaftler und Psychologen in seinem 2001 erschienenen Bestseller „Influence, Science and Practice. Darin beschrieb er sechs Eigenschaften, etwa Vertrauenswürdigkeit und soziale Autorität, welche für die Einflussnahme eine wesentliche Rolle spielen. Noch populärer wurden Cialdinis Verkaufsthesen durch werbebasierte Geschäftsmodelle auf den großen sozialen Netzwerken.

Wie mehrere Studien erwiesen haben, lässt sich ein wesentlich breiteres und relevanteres Publikum erreichen, wenn die Werbemaßnahmen nicht beliebig gestreut werden, sondern einflussreiche Einzelpersonen gezielt angesprochen und instrumentalisiert werden. Allein in Deutschland gelten laut einer internationalen Studie 4,6 Millionen Menschen als Influencer. Diese identifizieren sich in einem besonderen Maß mit jenen Marken, welchen sie auf Social Media-Plattformen folgen und sind in den sozialen Plattformen auch stark vernetzt und besonders aktiv. Verkauft werden die Produkte und Dienstleistungen, für die ein Influencer gewonnen wird, anschließend durch Mundpropaganda. Ein Grund dafür liegt darin, dass Influencer in ihrem eigenen Netzwerk als Meinungsführer gelten und deshalb für Unternehmen wichtige

Multiplikatoren darstellen. Die Unternehmen nutzen also das Vertrauensverhältnis der Follower aus. Entscheidend ist dabei, dass das Netzwerk in der Regel eine relevante Zielgruppe ist – also ein Personenkreis, für den das beworbene Produkt sehr interessant ist.

Influencer und Influencer-Marketing sind zwar moderne Begriffe, allerdings hat das Influencer-Marketing eine sehr lange Historie. Es ist hilfreich für das Selbstverständnis als zukünftiger Influencer, zu wissen wie in früheren Jahren Influencer und Influencer-Marketing ausgesehen haben.

Grundsätzlich reicht das Influencer-Marketing bis in die Anfänge der Menschheitsgeschichte zurück, wenn auch in einer anderen Form: Die jüngeren Mitglieder der Familienverbände haben die Verhaltensweisen der älteren und erfahreneren Mitglieder imitiert und damit ihren eigenen Erfahrungsschatz erweitert. Letztlich hat dieses soziale Verhalten also das Überleben der gesamten Gruppe gewährleistet.

Dass sich Menschen am Verhalten von Vorbildern und Autoritätspersonen orientieren und dieses Nachahmen, blieb aber auch in den folgenden Jahrtausenden erhalten. Wichtige Influencer waren beispielsweise in der europäischen Antike erfolgreiche Feldherren wie Alexander der Große oder Julius Cäsar, sowie erfolgreiche Sportler und Gladiatoren. Alexander der Große hat beispielsweise von seinen Feldzügen gegen das Reich der Perser sowohl Lebensmittel und alltägliche Gegenstände aus dem Osten mitgebracht, die in jener Zeit in Europa noch unbekannt waren. Andere wiederum haben ihre Popularität genutzt, um eine politische Karriere einzuschlagen. Das bekannteste Beispiel aus der Geschichte dürfte in diesem Zusammenhang vermutlich Julius Cäsar sein.

Soldaten als multinationale Influencer

In gewisser Weise können auch Soldaten als Influencer bezeichnet werden, insbesondere, wenn sie in fernen Ländern im Einsatz sind. So brachten etwa die Heere der Kreuzfahrer so manche Errungenschaft aus der arabischen Welt mit. So war die Mathematik in Arabien auf einem weitaus fortgeschritteneren Stand als es in Europa der Fall war. Die Forschungen der Araber stellten die Basis für weitere Forschungen der europäischen Gelehrten dar, beispielsweise im Bereich der Astronomie. Damit war wiederum der Grundstein für die späteren Entdeckungsreisen der europäischen Mächte, die dadurch riesige Kolonialreiche aufbauen konnten.

Nicht minder groß war der Einfluss der Mauren während der Zeit der arabischen Herrschaft. Im Laufe von Jahren und Jahrzehnten hat sich deshalb insbesondere in Südspanien ein einzigartiger kultureller Mix aus europäischer und arabischer Lebensart entwickelt, der bis heute Bestand hat.

Einen noch größeren Einfluss hatten Soldaten während der Zeit der Kolonialisierung in der beginnenden Neuzeit: Sie brachten technische Errungenschaften aus Europa in die neuen Welten und bauten dort eine moderne Infrastruktur auf, von der so manche einstige Kolonie noch heute profitiert. In der Karibik etwa zählen die Gebäude aus der Zeit der spanischen Herrschaft in der Dominikanischen Republik bis heute zu den bekanntesten Sehenswürdigkeiten, die gern von den Touristen besucht werden.

Umgekehrt brachten die Soldaten auch so manche exotische Spezialität aus den Kolonien mit. Das wohl bekannteste Beispiel dürfte wohl der Tee sein, der ursprünglich in Indien beheimatet ist, zu einem der wichtigsten Handelsgüter des britischen Imperiums wurde und heute ein unverzichtbares Element der britischen Lebensart ist. Doch es gibt noch zahlreiche weitere Beispiele für Dinge, die von Soldaten und Händlern in Europa eingeführt wurden, etwa die Kartoffeln und der Mais, die aus Amerika eingeführt wurden und mittlerweile in vielen Regionen ein elementarer Bestandteil der hiesigen Küche geworden sind, auch wenn beide Pflanzen oft irrtümlich als einheimisch betrachtet werden. Offensichtlicher werden die Einflüsse bei einem Blick auf die gastronomische Szene in Großbritannien: Diese wird maßgeblich von den zahlreichen indischen Lokalen geprägt, was den zahlreichen Einwanderern aus Indien zu verdanken ist – immerhin galt der Subkontinent ja lange Zeit als wichtigste Kolonie des britischen Imperiums.

Das beste Beispiel für den Einfluss von Soldaten auf die Gesellschaft eines anderen Landes dürfte jedoch die Befreiung Deutschlands vom Nazi-Regime sein. Denn die US-amerikanischen Truppen brachten nicht nur Kaugummi und Bluejeans nach Deutschland, sondern auch den Rock´n´Roll und Filme aus der Traumfabrik Hollywood. Dieser kulturelle Einfluss lässt sich bis in die Gegenwart hinein feststellen.

Entwicklungen seit dem 18. Jahrhundert

Über Jahrhunderte hinweg waren diese Einflüsse auf das Verhalten der Verbraucher und die Gesellschaft insgesamt allerdings nur schleichend. Dies änderte sich jedoch ab dem 18. Jahrhundert mit dem allmählichen Beginn der Industrialisierung. Ein Grund dafür dürfte wohl auch darin liegen, dass nun die Nachrichten- und Verkehrswege wesentlich schneller waren als zuvor. Influencer konnten nun in einer kürzeren Zeit also sehr viel mehr Verbraucher erreichen als zuvor.

Zu den ersten Unternehmern, der gezielt nach Autoritätspersonen und Vorbildern suchte, um für seine Produkte zu werben, gehört etwa Josia Wedgewood. Dieser hatte anno 1760 eine Töpferei gegründet und mit dem Vertrieb von Keramikgeschirr begonnen. Ihm gelang es schließlich, die englische Königsfamilie für seine

Produkte zu begeistern und als Fürsprecher zu gewinnen. Erstmals wurden 1905 Aufnahmen von einem Influencer gemacht, die bis heute erhalten sind. Dabei handelt es sich um den Stummfilmdarsteller Fatty Arbuckle, der Werbung für Zigaretten machte. Nachdem sich diese Art von Werbung als erfolgreich erwiesen hatte, wurden neben realen Personen auch erfundene Figuren als Werbeträger eingesetzt. Dazu gehören unter anderem der Weihnachtsmann sowie Tony, der Tiger, der Werbung für Kellogg´s Frostys macht. In der heutigen Zeit sind – getrieben durch die Digitalisierung der Gesellschaft – Influencer in der Lage ein Millionenpublikum aus dem Wohnzimmer zu erreichen. Während früher – wie eben aufgezeigt – Trends, Produktinformationen und Meinungen durch Personen physisch transportiert werden mussten, können mittlerweile Einflüsse mithilfe von Nachrichten, Bildern, Videos und Podcasts digital und weltweit in Echtzeit ausgeübt werden.

Grundlagen des Influencer- und Social Network Marketing

Heute gilt das Influencer-Marketing als ein wichtiger – wenn nicht sogar der mittlerweile wichtigste – Teil des Social Network Marketings. Hierbei nutzen Unternehmen und Organisationen ausschließlich soziale Medien, um ihre Ziele zu erreichen. Darüber hinaus wird auf der strategischen Ebene auch eine eigene Social-Media-Kultur gepflegt, in welche natürlich auch die Mitarbeiter entsprechend eingebunden werden.

Nachdem die sozialen Medien seit etwa 2005 massiv gewachsen sind, hat dies natürlich auch einen großen Einfluss auf die Kommunikation der Menschen untereinander sowie auf die Kommunikation zwischen Unternehmen und deren Kunden. Dabei bieten soziale Medien den großen Vorteil, dass nicht nur die Kommunikation, sondern auch eine Interaktion möglich ist. Dadurch können Unternehmen Meinungsführer sehr viel besser erreichen, um mit deren Hilfe Marken oder einzelne Produkte zu bewerben. Ein weiterer Vorteil des Social Network Marketings besteht darin, dass es von den Kosten her vergleichsweise günstig ist und mit der entsprechenden Software für eine Kampagne auch unterschiedliche Plattformen zu bespielen. Ferner erhalten die Unternehmen im Gegensatz zu anderen

Werbekanälen auch eine direktere Rückmeldung seitens der Kunden.

Das Social Network Marketing bietet ferner den Vorteil, dass die entsprechende Zielgruppe auch direkt in die internen Entscheidungsprozesse eingebunden werden kann. Darüber hinaus hat die Aktivität in sozialen Netzwerken einen unmittelbaren Einfluss auf sieben Faktoren, die für das Ranking bei Google eine Rolle spielen. Marken mit einer geringen Präsenz und wenigen Aktivitäten werden bei der Suchmaschine also auch schlechter gelistet.

Zwar ist die Zahl der Nutzer auf Plattformen wie Google+, Facebook und Twitter höher ist, liegt die Interaktionsrate im Vergleich zu mobilen Medienplattformen niedriger. So liegt die Interaktionsrate bei Instagram, das monatlich im Schnitt 130 Millionen Besucher verzeichnet, bei 1,46 Prozent, während diese bei Twitter, das immerhin von rund 210 Millionen Nutzern monatlich besucht wird, lediglich bei 0,03 Prozent.

Social Network Marketing zeichnet sich ferner dadurch aus, dass es deutlich günstiger sein kann als traditionelle Formen der Werbung – wobei ich außerdem eine größere Zielgruppe erreichen lässt. Zudem haben die potenziellen Kunden dank der Möglichkeit zur Interaktion auch die Möglichkeit, Produkte oder den Kundenservice zu bewerten und dem jeweiligen Unternehmen direkt Fragen zu stellen.

Das Influencer-Marketing ist allerdings nur ein Baustein des Social Network Marketings. Unter anderem versuchen Unternehmen beispielsweise auch durch Foren oder Blogs eine eigene Gemeinschaft aufzubauen, die an den jeweiligen Angeboten interessiert sind. Dank der sozialen Medien können die Unternehmen also auch Informationen über die Vorlieben und Abneigung der Kunden sowie über deren Konsumverhalten bekommen. Diese Informationen können von den Unternehmen anschließend für eine bessere Eingrenzung der Zielgruppe nutzen, ferner können gezielt interessante Informationen für die Kunden veröffentlicht werden.

Die Chancen und Risiken des Social Network Marketings

Auch wenn Social Network Marketing den unbestrittenen Vorteil hat, dass viele potenzielle Kunden rasch und günstig angesprochen werden können, birgt diese Form der Werbung doch auch einige Risiken. Denn bei sozialen Netzwerken besteht stets auch die Gefahr, dass sowohl Kommunikation als auch Darstellung der Werbebotschaften außer Kontrolle geraten können. Weil sich die Meinungen im Internet unkontrolliert verbreiten können, können rasch auch negative Meinungen entstehen, die dem Unternehmen möglicherweise schaden – der sogenannte Shitstorm. Darin liegt wiederum die Chance, dass Unternehmen ihre eigenen Botschaften der negativen Meinung entgegenstellen und so an ihrem Image arbeiten. Weil Unternehmen verstärkt auf Social Network Marketing setzen, rücken traditionelle Werbemaßnahmen stärker in den Hintergrund. Denn für Werbetreibende ist das Internet inzwischen weitaus wichtiger geworden als beispielsweise Zeitungen oder das Fernsehen. Der Hauptgrund hierfür sind sogenannte Streuverluste, die bei undifferenzierten Werbemaßnahmen über nicht-digitale Medien entstehen. Streuverluste sind wertlose Werbekontakte an irrelevante Zielpersonen, die durch eine zu starke und breite Streuung einer Werbebotschaft entsteht. Im Gegensatz dazu besteht im Internet die deutlich attraktivere Möglichkeit, Werbebotschaften an eine relevante Zielgruppe – zum Beispiel auf Basis des Alters, der Hobbies und des Wohnortes – zu kommunizieren. Damit ist mithilfe des Social Network Marketing eine sehr zielgerichtete Steuerung der Werbebotschaften und die Reduzierung von Streuverlusten möglich.

Beispiele erfolgreicher Influencer und deren Erfolgsrezepte

Insbesondere als Anfänger bietet es sich an, zunächst ein Benchmarking erfolgreicher Influencer durchzuführen. Was sich zunächst sehr kompliziert anhört, bedeutet einfach gesagt: Orientiere dich an den Besten, lerne von ihren Stärken und vermeide ihre Schwächen. Es gibt eine Vielzahl erfolgreicher Beispiele, die als Vorbilder und wertvolle Informationsgeber für den eigenen Start als Influencer dienen können.

AlexiBexi

Der YouTuber *AlexiBexi* alias Alexander Böhm ist einer der erfolgreichsten YouTuber im deutschen Influencer-Umfeld. Mit über 1,2 Mio. Abonnenten, über 250 Mio. Aufrufen und über 500 Videos zählt er zu den absoluten YouTube-Größen und durfte im Jahr 2017 als einer von vier Internet-Stars die zu diesem Zeitpunkt amtierende Bundeskanzlerin Angela Merkel interviewen. Der Fokus von AlexiBexi liegt im technischen Bereich, wobei er seine Videos stets auf eine sehr individuelle Art präsentiert. Insbesondere ein derber Humor und das Spiel mit der eigenen Stimme sind seine Markenzeichen. Seine häufig ruhigen Erklär-Phasen werden durch verbale Ausbrüche unterbrochen. Sein spezieller Humor gepaart mit seiner technischen Expertise sowie einem erklärenden Erzählstil ergeben insgesamt einen sehr hohen Unterhaltungswert. Gegenüber der Community tritt er als klarer Meinungsbildner auf, der sich eher reißerisch statt objektiv in seinen Tests äußert. Gleichzeitig gibt er seinen Followern häufig wertvolle Tipps und Tricks für den Alltag oder auch dabei, selbst als Influencer erfolgreich zu werden. Beispielhaft – und auch für die Leser dieses Buchs sehr interessant und hilfreich – hat er ein YouTube-Video mit 10 Tipps für bessere Videos veröffentlicht:

https://www.youtube.com/watch?v=y58PaOzsMe0

Welche Strahlkraft und Werbewirksamkeit erfolgreiche Influencer haben können, zeigt sich nicht zuletzt in der Tatsache, dass AlexiBexi als Testimonial für das 2018er Volkstablet von Trekstor und BILD engagiert wurde. Nach vorne gerichtet birgt dies jedoch die Gefahr, dass AlexiBexi für seine Follower als *käuflich* wahrgenommen wird und somit seine Rolle als objektive Testinstanz und Meinungsführer verlieren kann. In finanzieller Hinsicht wird sich dieses Engagement für AlexiBexi jedoch definitiv auszahlen, womit er ein Vorbild für viele Influencer ist.

Gronkh

Einer der wohl bekanntesten Influencer im Gaming-Bereich ist Erik Range, der unter dem Nicknamen *Gronkh* Webvideos produziert, aber auch als Musiker, Entwickler von Computerspielen und als Journalist für Video- und Computerspiele tätig ist. Sogenannte *Lets-Play*-Videos, in welchen Gronkh Spiele spielt und die entsprechenden Aufzeichnungen im Netz veröffentlicht, haben diesen Influencer bekannt gemacht. So besaß er von 2014 bis 2016 denjenigen YouTube-Kanal, der in Deutschland am häufigsten abonniert worden war. Ein Grund für seinen Riesenerfolg liegt darin, dass er stets neue Trends erkennt. So war er beispielsweise der erste, der ein Lets-Play-Video des beliebten Videospiels Minecraft veröffentlicht hat. Darüber hinaus produziert er seine Videos äußerst professionell und ist stets bestrebt, diese auch zu verbessern, was wohl mit seinem beruflichen Werdegang zusammenhängen dürfte. Denn nach seiner Ausbildung zum Fachinformatiker hatte er bereits 1996 eine Internetagentur gegründet, mit welcher er sowohl für Privat- als auch Geschäftskunden Programmierung und Webdesign anbot. Vier Jahre später hatte er den Publisher MDO Games GbR aufgebaut, der unter anderem Online-Rollenspiele vertrieb, und für den Gronkh vier Jahre lang tätig war. Anschließend arbeitete er wieder als Programmierer und war parallel als Assistant und Managing Partner für ein Online-Projekt tätig. 2010 stieg er schließlich in die Branche der Influencer ein und begann damit, täglich Lets-Play-Videos zu veröffentlichen. Ferner publiziert er gelegentlich Reisedokumentationen auf einem anderen Kanal. Neben den handwerklichen Stärken der Lets-Play-Videos, versteht Gronkh es insbesondere seine Zuschauer zu unterhalten und zu belustigen. Beispielsweise wagt er sich auch an offensichtliche Trash-Spiele ran und sorgt durch seine Kommentar und die Art des Spielens dafür, dass die Zuschauer zum Teil mehr unterhalten werden, als würden sie diese Spiele selber spielen. Damit hat Gronkh die Kategorie Lets-Play groß gemacht und viele Gamer sogar soweit begeistert, dass sie ihm lieber beim Spielen zuschauen anstatt selber zu spielen.

Bibi

Bekannt wurde die Webvideoproduzentin *Bibi* – bürgerlich Bianca Heinicke – mit ihrem YouTube-Kanal „BibisBeautyPalace". Als sie im Dezember 2012 startete, hatte sie sich zunächst auf die Themen Mode und Kosmetik beschränkt, mittlerweile veröffentlicht sie aber auch Videos zu den Themen Lifestyle und Popkultur. Heute zählt ihr Kanal zu denjenigen, die im deutschsprachigen Raum am häufigsten abonniert werden. Als Influencerin hat sie ein geschätztes monatliches Einkommen von 100.000 Euro. Einen großen Hype erlebte Bibi, als sie 2014 bei den Videodays, Europas größtem YouTuber-Festival, den Playaward in der Kategorie „Beauty, Lifestyle, Fashion" gewann. Im selben Jahr engagierte sie das Unternehmen Thomas Cook als Werbeträger für Neckermann Reisen. Doch auch die Selbstvermarktung geht Bibi zusammen mit der Künstleragentur *Check One Two Perfect* professionell an.

Das Erfolgsrezept von Bibi liegt unter anderem darin, dass sie als Vorbild für eine sehr junge weibliche Zielgruppe agiert. Dabei hat sie sich insbesondere auf Produktplatzierungen für Make-Up und Mode konzentriert und wurde somit für die Industriepartner ein wichtiger Werbeträger. Die jungen Zuschauer waren eine ideale Zielgruppe, was im Endausbau dazu geführt hat, dass Bibi auch eigene Make-Up und Mode-Kollektionen entwickelt und verkauft hat.

Mittlerweile hat sich der Kanal von Bibi stark in Richtung Entertainment entwickelt und ist eine Real Life Soap Opera, da die Kanalinhalte aus ihrem eigenen Leben erzählen. Im Jahr 2018 war insbesondere ihre Schwangerschaft ein bestimmendes Thema, was zu millionenfachen Klickzahlen ihrer Follower geführt hat.

Mit derzeit über 5 Mio. Abonnenten bei YouTube ist Bibi ein Musterbeispiel eines erfolgreichen Influencers. In die Kritik kam Bibi deshalb, weil sie die Gutgläubigkeit und zum Teil auch Naivität ihrer Zuschauer für kommerzielle Zwecke ausgenutzt hat und nur auf ihren eigenen Profit geachtet hat.

Insbesondere die Weiterentwicklung des Kanals von diesem klar kommerziellen Schwerpunkt hin zu einem Unterhaltungskanal ist dabei bemerkenswert. Als

Influencer im Unterhaltungssektor kann Bibi somit ganz klar als Best Practice bezeichnet werden.

Dagi Bee

Zu den bekanntesten Influencern im deutschsprachigen Raum gehört auch die Düsseldorfer Webvideoproduzentin *Dagi Bee*, die den gleichnamigen YouTube-Kanal betreibt. Dagi Bee, die mit richtigem Namen Dagmar Nicole Ochmanczyk heißt, ist ebenfalls im Unterhaltungssegment auf YouTube unterwegs. Erste Erfahrungen in der Branche sammelte sie bei ihrem damaligen Lebensgefährten, dem YouTuber Liont, in dessen Videos sie gelegentlich auftrat. Anders als beispielsweise Bibi ist sie somit eher zufällig in die Rolle des Influencers gewachsen. Ihr erstes eigenes Video mit dem Titel „No-Gos bei Jungs!" publizierte sie am 6. Oktober 2012. Inhaltlich beschäftigte sie sich fortan überwiegend mit Mode und Kosmetik. Nicht zuletzt dank eines Auftritts in der Sendung *TV total* und der Beteiligung an einer Aktion gegen Cyber-Mobbing der Zeitschrift „Glamour" verzeichnete ihr Kanal bereits mehr als eine Million Abonnenten. Mittlerweile hat Dagi Bee fast 4 Mio. Abonnenten und orientiert sich größtenteils an Entertainment-Themen und nutzt die eigene Strahlkraft, um ihre Follower an sich zu binden. Dazu zählt beispielsweise auch die Vermarktung von Tickets für Live-Events, wie einem *Meet & Greet* im *Dagi Bee Pop-Up-Store*.

Dem stark kommerziellen Charakter von Dagi Bee wird dadurch Rechnung getragen, dass der Begriff *Dauerwerbevideo* in vielen ihrer Videos durchgehend eingeblendet wird.

Exsl95

Zweifelhaften Ruhm erreichte Tobias Eckmeier, der auf YouTube als *Exsl95* unterwegs ist. Der selbsternannte *fetteste YouTuber Deutschlands* fing damit an, sich vor laufender Kamera zu betrinken und diese Videos auf YouTube hochzuladen. Er fing ohne nennenswerte Follower an und produzierte fortlaufend Trash-Videos. Darin setzt er auf eine schonungslose Bloßstellung seiner selbst und macht auch vor ekelhaftesten Inhalten nicht halt. Wenngleich seine Inhalte mehr als geschmacklos sind und die Bezeichnung „Trash" noch sehr wohlwollend formuliert ist, hat er mittlerweile über 150.000 Follower auf seinem YouTube-Kanal. Damit beweist Exsl95, dass auch eine Figur wie er sich zu einem Influencer und Vorbild für eine Vielzahl an Personen entwickeln kann. Die Absurdität daran wird spätestens dadurch deutlich, dass renommierte Spirituosen-Hersteller wie „Kleiner Feigling" und „Jägermeister" Sponsoring-Verträge mit ihm abgeschlossen haben, um ihre Marke im Rahmen der Besäufnisse den Followern zu präsentieren.

Wie weit die Strahlkraft geht, wird zudem durch Kooperationen wie beispielsweise mit Media Markt deutlich. Hier wurde Exsl95 dafür bezahlt, dass er ein ASUS Notebook in einem Markt kauft und dabei gefilmt wird. Die Verkäufe des Notebooks gingen anschließend durch die Decke. Mit geschätzten etwa 8.000 EUR monatlichem Nettoverdienst (Stand: Mitte 2018) erreicht Tobias Eckmeier ein beeindruckendes Einkommen. Dennoch ist sein Tun als Influencer scharf zu kritisieren und in jedem Fall ein abschreckendes Beispiel. Denn jeder Influencer sollte immer den folgenden Grundsatz im Hinterkopf haben:

Das Internet vergisst nie.

Dementsprechend muss jeder Influencer die Konsequenzen seines Handelns auch für die Zukunft berücksichtigen. Sollen die eigenen Kinder sehen, wie ich mich vor tausenden von Zuschauern betrinke? Was bedeutet mein Verhalten und das, was ich im Internet preisgebe, für meine Freunde und Familie? Wenngleich Exsl95 über ein derzeit attraktives Einkommen verfügt, ist der Preis hierfür sehr hoch. Der Verlust seiner Reputation und seines Ansehens für den Rest seines Lebens ist das Opfer, welches ein Trash-Influencer bringt. Die klare Empfehlung ist daher, auf Konstruktivität statt Destruktivität zu setzen.

Pamela Reif

Insbesondere auf Instagram zeigt sich die Influencerin *Pamela Reif* ihren knapp 4 Mio. Abonnenten. Ihre Popularität verdankt sie vor allem ihrem sportlichen und attraktiven Äußeren, ist mit einem 1er Abitur aber auch bildungstechnisch überaus erfolgreich gewesen. Während sich andere Beauty-Influencer auf das Thema Mode konzentrieren, fokussiert sich Pamela Reif stark auf den Körper und begeistert ihre Follower dadurch, dass sie überaus durchtrainiert ist.

Dieses beeindruckende Äußere erreicht sie durch regelmäßige Workouts, an denen sie ihre Follower auch via YouTube teilhaben lässt und somit eine Art Coaching-Funktion einnimmt. Damit schafft sie einen tatsächlichen Nutzen bzw. Mehrwert für ihre Follower und ist nicht lediglich eine kommerzielle Werbefigur wie beispielsweise Bibi oder Dagi Bee. Pamela Reif zeigt somit eindrucksvoll, wie eine duale Influencer-Strategie aussehen kann. Während sie sich auf YouTube auf den Sport konzentriert, nutzt sie Instagram als Beauty-Kanal.

DieLochis

Ein gänzlich anderen Influencer-Ansatz verfolgen die Zwillingsbrüder Heiko und Roman Lochmann, besser bekannt als *DieLochis*. Ihre 2,5 Mio. Follower begeistern die beiden mit größtenteils humorvollen Übersetzungen und Parodien von bekannten Musiktiteln. Der Vorteil hierbei ist, dass sie erfolgreiche Melodien aufgreifen und diese mit einem zusätzlichen – in der Regel lustigen – Mehrwert aufladen. Damit sprechen sie insbesondere Fans der parodierten Lieder an. Im Laufe der Zeit haben sie ihre musikalischen Qualitäten deutlich weiterentwickelt und sogar eigene Songs aufgenommen.

Als Höhepunkt ihrer bisherigen Karriere haben DieLochis einen eigenen Kinofilm gedreht, der im Jahr 2015 erschienen ist. Im Jahr 2017 haben die beiden in der Telenovela Sturm der Liebe mitgespielt. Hiermit sind Heiko und Roman Lochmann ein hervorragendes Beispiel dafür, wie aus einer Influencer-Karriere bei YouTube eine professionelle Karriere als Schauspieler werden kann.

MrWissen2Go

Dass nicht nur die Anzahl der Follower die Qualität eines Influencers bestimmen, zeigt Mirko Drotschmann alias *MrWissen2Go*. Auf seinem YouTube-Channel konzentriert er sich auf Wissensthemen und Erklärungen. Dies umfasst sowohl generelle Themen (also Fragestellungen wie „Warum ist Afrika so arm?" und „Wie funktioniert die Börse?") als auch den Bezug zu aktuellen politischen Diskussionen nimmt Bezug zu aktuellen politischen Diskussionen. Darüber hinaus nimmt er auch Bezug auf die

Schule und erläutert auf seinem Kanal auch geschichtliche Themen.

Dieser Ansatz unterscheidet sich folglich deutlich von den bisher dargestellten, da es um Wissensvermittlung und didaktische Reduktion – also die einfache Vermittlung komplexen Wissens – geht. Als höchste Auszeichnung seiner Qualität durfte auch er im Jahr 2017 die Kanzlerin Angela Merkel interviewen.

Lisa Sophie Laurent

Genau wie MrWissen2Go durfte auch *Lisa Sophie Laurent* im Vorfeld der Bundestagswahl 2017 die Bundeskanzlerin interviewen. Der Grund hierfür ist, dass auch Lisa Sophie einen stark nutzenorientierten, vernunftbasierten und besonders nutzenstiftenden Ansatz als Influencerin verfolgt. Auch sie vermittelt auf ihrem Kanal Wissen, konzentriert sich dabei aber auf Alltagsthemen und aktuelle Trendthemen. Zudem stellt sie sich auf ihrem Kanal regelmäßig Herausforderungen, indem sie Experimente im Alltag durchführt.

Besonders hervorzuheben ist dabei, dass sie anders als Bibi oder Dagi Bee ihre jungen Follower nicht als Kunden ansieht, denen sie möglichst viel verkaufen möchte. Lisa Sophie gibt tatsächlich wertvolle und sympathische Tipps auf Problemstellungen des Lebens, die besonders junge Mädchen treffen können. Damit ist Lisa Sophie ein besonders hervorzuhebendes Beispiel dafür, wie ein Influencer agieren sollte, wenn er erfolgreich werden möchte. Denn Influencer sind in der Regel dann erfolgreich, wenn sie einen Mehrwert für ihre Follower bieten.

Bemerkenswert ist zugleich der offene und selbstbewusste Umgang von Lisa Sophie mit der eigenen Bisexualität. Auch in diesem Zusammenhang bietet sie eine starke Hilfestellung für eine Vielzahl an jungen Menschen in der Selbstfindungsphase und gibt ihnen als prominentes Vorbild halt. Bemerkenswert ist, dass anders als viele andere Influencer Lisa Sophie ihrer helfenden und konstruktiven Art treu geblieben ist und sich – anders als viele andere Influencer – sich nicht bis zur Unkenntlichkeit kommerzialisiert.

Wie sehr die Art und Weise von Lisa Sophie in der YouTube Community wertgeschätzt wird, zeigt ein Kommentar von *Alycia Marie* (https://www.youtube.com/watch?v=AZSxsllvl_8):

„du bist soo eine bereicherung für youtube, ganz ehrlich :)"

Kapitel 2

Wie werde ich Influencer?

Grundsätzlich ist es für jeden möglich, Influencer zu werden und durch die Zusammenarbeit mit Firmen oder durch Werbung gutes Geld zu verdienen. Wer Influencer – und vor allem erfolgreich in diesem Business – werden möchte, braucht aber unter Umständen einen langen Atem, bis er auf den verschiedenen Kanälen sozialer Medien genügend Follower gefunden hat, um als Influencer gelten zu können. Das gilt insbesondere, wenn sich die Betroffenen eine relativ breite Nische wie etwa Mode ausgesucht haben.

Der Grund: In Branchen wie dieser sind sehr viele Blogger unterwegs, die mit ihren Beiträgen auch Facebook, Twitter, Instagram und Co. bedienen. Wer sich hingegen auf eine eher kleine Nische wie beispielsweise Babysachen spezialisiert und auch das entsprechende Expertenwissen besitzt, wird im Netz wesentlich leichter gefunden, sodass er Interessenten auch einfacher um sich scharen kann.

Entscheidend für den erfolgreichen Einstieg als Influencer ist es, sich bereits im Vorfeld eine konkrete Strategie zu überlegen. Hier gibt es 4 Schritte, die befolgt werden sollten. Gerade als Anfänger können somit viele Fettnäpfchen, welche die Karriere als Influencer bereits nach kurzer Zeit beenden könnten, vermieden werden. Zudem hilft die Auseinandersetzung mit den folgenden Fragestellungen auch dabei, den Erfolg als Influencer durch einen zumindest halbwegs professionellen Auftritt zu verbessern. Die folgenden Schritte sollten demnach unbedingt ausreichend durchdacht und ausgearbeitet werden.

Schritt 1: Vision –
Wofür möchtest du als Influencer stehen?

Die zentrale Fragestellung am Anfang deiner Influencer-Karriere lautet selbstverständlich, wofür du als Influencer stehen möchtest und welche persönlichen Ziele du damit verknüpfst. Die folgenden Fragen und Antworten können dir dabei helfen, eine Idee von deiner ganz persönlichen Vision zu bekommen:

1) **Warum möchtest du Influencer werden?**
- o Ich möchte meinen Lebensunterhalt damit verdienen
- o Ich möchte berühmt werden
- o Ich möchte meinen Mitmenschen etwas Gutes tun
- o … (andere Beweggründe)

Die meisten Influencer möchten mit ihrem Influencer-Dasein ihren Lebensunterhalt – oder zumindest einen Teil – verdienen. Dies ist völlig legitim. Es darf dabei aber nicht vergessen werden, dass es häufig Jahre dauert, bis sich der (finanzielle) Erfolg einstellt. Und es sich entsprechend um lange und harte Arbeit handelt, ohne dass sich Erfolge einstellen.

Auch das Thema *fame* spielt häufig eine Rolle bei der Entscheidung, Influencer werden zu wollen. Der Zuspruch von vielen hunderten oder gar tausenden Menschen ist stets eine positive Bestätigung und motiviert. Gerade wenn sich der finanzielle Erfolg noch nicht eingestellt hat, kann der Zuspruch von außen – sofern dies ein wichtiger Antrieb ist – ein entscheidender Motivationsfaktor sein, um den langen Weg zu überstehen. Da ein Influencer stets eine öffentliche Person ist, sollte das Szenario der Berühmtheit definitiv im Vorfeld durchdacht sein, also die Frage: Bin ich überhaupt bereit dazu, dass ich in der Öffentlichkeit stehe?

Last but not least ist natürlich auch *Altruismus* ein denkbares Motiv, Influencer werden zu wollen. Ein Altruist ist quasi ein Gutmensch, der anderen etwas Gutes tun möchte, ohne hierfür eine Gegenleistung zu erwarten. Ihr seid Experte in einem Bereich und möchtet anderen Mitmenschen helfen, dass es ihnen besser geht? Sehr ehrenwert und lobenswert.

Im Idealfall könnt ihr zwei der hier aufgelisteten Fragen ankreuzen bzw. mit *Ja* beantworten. Selbstverständlich können auch weitere – ganz individuelle – Motive dazu führen, dass ihr euch dazu entschieden habt. Seid euch nur im Klaren, *warum* ihr Influencer werden möchtet.

2) Welche Rolle möchtest du als Influencer übernehmen?

o   Ich möchte im Vordergrund stehen, gerne per Video

o   Ich möchte erklären, aber größtenteils anonym bleiben

o   Ich möchte komplett anonym bleiben

o   ... (andere Rolle)

Häufig haben Influencer ein Interesse daran, selbst im Vordergrund zu stehen und sich selbst zu promoten. Das heißt dass sie komplett erkennbar sind und beispielsweise in Videos Themen erklären, Stellung beziehen oder sich selber in Alltags-Situationen zeigen. Wer hierzu neigt, hat natürlich eine wichtige Grundvoraussetzung erfüllt – denn wie bereits erwähnt ist der Job des Influencers im Erfolgsfall ein Job in der Öffentlichkeit.

Influencer können übrigens auch Menschen werden, die zu schüchtern sind, um sich einer breiten Öffentlichkeit zu präsentieren. In Erklärvideos müssen sie beispielsweise nicht zwangsläufig selbst vor die Kamera treten, sondern können einfach nur das zeigen, was sie erklären möchten und mit einer Stimme, die im Video aus dem Off zu hören ist, arbeiten. Erklärvideos bieten sich etwa an, wenn es um die Themen Basteln, Ernährung oder Gaming geht.

Auch *Unboxing-Videos* können dazu geeignet sein, wenn beispielsweise nur die Hände und die zu öffnende Packung gezeigt wird. Bei all diesen Beispielen ist es nicht zwangsläufig erforderlich, dass eine Person mit auf dem Bild zu sehen ist.

Besteht der Wunsch darin, Influencer zu werden aber dennoch komplett anonym zu bleiben, ist dies schwer komplett umzusetzen. Denkbar wäre hier beispielsweise ein Blog – allerdings müsste hierbei in den meisten Fällen die Angabe eines Impressums erfolgen. Damit wäre eine vollständige Anonymität für Influencer nur schwer zu erreichen. Dementsprechend sollte in diesem Fall auch die Überlegung getätigt werden, ob das Dasein als Influencer (zum Beispiel für den Lebensunterhalt) wirklich sinnvoll erscheint.

3)   Wie wäre dein Selbstverständnis als Influencer?
   o   Ich   möchte   Produkte/Dienstleistungen testen und bewerten
   o   Ich möchte mich zu diversen Themen äußern und erklären
   o   Ich möchte meine Follower unterhalten
   o   ... (anderes Selbstverständnis)

Grundsätzlich gibt es unzählige Möglichkeiten, wie Influencer *beeinflussen* können. Eine sehr beliebte Variante besteht jedoch darin, dass Influencer Produkte und Dienstleistungen testen und bewerten. Der Vorteil für den Influencer besteht darin, dass er – sobald er profiliert ist – auch die Möglichkeit für Teststellungen von Unternehmen erhält und somit noch mehr kostengünstig testen kann. Insbesondere bei technisch orientierten Influencern könnte sich dies anbieten. Eine weitere Form von Influencern sind diejenigen, die diverse – häufig komplexe – Themen erklären möchten.

Der Vorteil ist hierbei, dass in der Regel eine gleichgerichtet bleibende Interessenlage vorliegt – zum Beispiel ein gemeinsames Hobby oder ein gemeinsames Ziel.

Influencer zum Thema Finanzen allgemein (zum Beispiel *Mission Money* https://www.youtube.com/channel/UCpvNsu17XsZFH3a_6tl_YyQ/) oder finanzieller Freiheit (zum Beispiel *Finanzfluss* https://www.youtube.com/channel/UCeARcCUiZg79SQQ-2_XNlXQ/) können ihre Anhängerschaft somit für längere Zeit an sich binden, wenn ein längerfristiges Thema bzw. Ziel verfolgt wird. Ähnlich ist es mit politischen Themen bzw. politischen Influencern. Da das politische Geschehen stets aktuellen Gesprächsstoff liefert, besteht hier ebenfalls die Möglichkeit eine langfristige Anhängerschaft aufzubauen. Ein hervorragendes Beispiel für einen politischen

Influencer, der es bis in die Bundespressekonferenz geschafft hat, ist *Tilo Jung* (mit *JUNG&naiv* https://www.youtube.com/user/Nfes2005).

Abschließend gibt es auch die Möglichkeit zur Positionierung im Lifestyle-Bereich. Das heißt, dass nicht zwangsweise ein konkretes Thema erklärt werden muss, Produkte getestet werden müssen oder ein sonstiges konstruktives Ziel verfolgt werden muss. Unterhaltung hat weiterhin einen hohen Stellenwert und es gibt auch Influencer, die sich darauf konzentrieren, den Lifestyle ihrer Follower zu beeinflussen und somit in sozialer Hinsicht als Vorbilder gelten. Auch wenn hier kein unmittelbarer Nutzen erkennbar ist, gibt es viele Influencer die erfolgreich damit sind, ihre Follower zu unterhalten. Bei der eigenen Vision ist daher immer auch ein klares Ziel vor Augen notwendig, wie du dich selber als Influencer verstehst. Möglich ist natürlich auch eine Mischform, indem beispielsweise Produkte getestet und verwandte Themen erklärt werden.

Schritt 2: Zielsetzung – Welches Thema möchtest du behandeln?

Um einen erfolgreichen Account in den sozialen Medien zu haben ist vor allem eines wichtig: Der User muss mit echter Leidenschaft an die Sache herangehen. Wer Influencer werden möchte, muss sich also zunächst einmal gut überlegen, welche Themen ihm liegen und für die er sich begeistern kann. Wer beispielsweise regelmäßig ins Fitnessstudio geht und sich in seiner Freizeit über bestimmte Ernährungsformen informiert, sich für die neusten technischen oder modischen Trends interessiert oder leidenschaftlich gern auf Reisen geht, hat seine Nische im Grunde schon gefunden.

Im günstigsten Fall hat der Influencer in spe sogar ein ganz spezielles Hobby, über das er seinen Followern berichten kann. Denn vor allem unter Reisebloggern und Fashionistas ist die Konkurrenz in den sozialen Medien sehr groß. Angehende Influencer sind aber auch in diesen Segmenten nicht ganz chancenlos, sofern sie ihren Account möglichst professionell anlegen. Der angehende Influencer muss aber bereits von vornherein wissen, was er mit seinen Accounts erreichen möchte. Nur dann kann er nämlich seine Ziele auch konsequent verfolgen und entsprechend arbeiten.Bei der Wahl des Themas ist zudem zu berücksichtigen, dass der Erfolg häufig darin liegt, eine möglichst spannende, aktuelle aber auch kleine Nische zu belegen. Ist dieses Nischen-Thema noch nicht zu sehr belegt, kann in vergleichsweise kurzer Zeit eine größere Followerschaft generiert werden. Denkbar ist zudem auch, eine weitere Nische in einer beliebten Nische zu suchen, wobei hierbei die Gefahr besteht, dass die Nische in der Nische wiederum zu klein und uninteressant ist.

Die wichtigsten Branchen für Influencer

Die wichtigsten Kunden für Influencer stammen natürlich aus Trendbranchen wie Mode, Fitness, Ernährung und Beauty. Auch Technik-Themen wie Notebooks, Smartphones, Smart Home oder Automobile bieten aufgrund der immer kürzeren Innovationszyklen stets neues Material für Influencer. Der Bereich Gaming ist ebenfalls stets aktuell und unterhaltsam. Dabei spricht er zudem insbesondere die Internet-Affine Generation der 2000er Jahrgänge an. Wie bereits dargestellt, ist die Auswahl der Nische entscheidend für den Erfolg. Da die denkbaren Branchen und Themen schier unendlich sind, folgen nun Beispiele zur Herangehensweise der eigenen individuellen Nische:

Beispiel-Thema	Beispiel-Nische
Mode	Kleidung für Übergewichtige
Ernährung	Low Carb Rezepte
Notebooks	Gaming Notebooks
Automobile	Kultige Gebrauchtwagen
Gaming	Aktueller Spiele-Hit

Schritt 3: Planung – Welche Plattform ist die richtige für dich?

Soziale Netzwerke sind gewissermaßen die Lebensader von Influencern, da sie die Schnittstelle mit der Öffentlichkeit und damit ihre Präsentationsplattform sind. Doch nicht jedes Netzwerk eignet sich für jeden Influencer gleichermaßen. Wer beispielsweise einen lebendigen Inhalt präsentieren möchte, sollte eine Plattform mit der Integrationsmöglichkeit von Videos wählen. Wer hingegen eher Bilder und Inhalte als Influencer teilen möchte, kann sich auf Foto- oder Textbasierte Plattformen fokussieren. Wie am Beispiel von Pamela Reif deutlich wurde, ist auch eine gemischte Plattformstrategie möglich und je nach Thema sinnvoll.

Grundsätzlich handelt es sich bei einem sozialen Netzwerk um eine Online-Plattform mit einer aktiven User-Community. Die User haben hier die Möglichkeit, miteinander zu kommunizieren und bis zu einem gewissen Maß auch miteinander zu interagieren. Die drei Grundfunktionen sind hierbei *Like/Dislike/Emotion*, *Kommentieren* und *Teilen*. Charakteristisch für soziale Netzwerke ist, dass User darauf ein persönliches Profil einrichten können, welches entweder für die komplette Öffentlichkeit oder nur eine begrenzte Zahl von Usern sichtbar ist. Zudem können die User über ein Adressbuch oder eine Kontaktliste Kontakt zu anderen Mitgliedern aufnehmen. Darüber hinaus bieten die sozialen Netzwerke noch weitere Funktionen wie etwa das Posten von Videos und Fotos, was insbesondere für Influencer wichtig ist.

Der Grundstein für die heutigen sozialen Netzwerke wurde bereits in den 1980er Jahren mit dem sogenannten Bulletin-Board-System gelegt. Hierbei handelte es sich im Grunde um Mailboxen, die für den privaten Datenaustausch genutzt werden konnten. Daraus hatten sich ab Ende der 1980er Jahre jene Funktionen entwickelt, die heute charakteristisch für soziale Netzwerke sind. So konnten bei Anwendungen wie AOL etwa bereits persönliche Profile erstellt, Nachrichten verschickt und Veranstaltungen publik gemacht werden.

Die ersten sozialen Netzwerke im eigentlichen Sinn entstanden schließlich Mitte der 1990er Jahre.

Sogenannte Internet-Foren haben sich auf bestimmte Themen spezialisiert und boten eine Plattform, um mit anderen Usern – damals in der Regel anonym – zu diskutieren. Allerdings sollte es noch einige Jahre dauern, dass soziale Netzwerke in der Bevölkerung beliebter wurden, weil sich die Kommunikation nunmehr auch immer stärker ins Internet verlagert hatte. Kurz nach der Jahrtausendwende wurden in diesem Zusammenhang verschiedene soziale Netzwerke gegründet, welche teilweise auch heute noch genutzt werden. So gingen 2003 etwa LikedIn und Myspace an den Start. Ein Jahr später ging auch Facebook ins Internet, wobei es sich anfangs lediglich an die Studenten der US-amerikanischen Universität Harvard richtete.

Einen weiteren Hype erlebten soziale Netzwerke ab den 2010er Jahren, weil sich nunmehr auch Smartphones, Tablets und andere Geräte für die mobile Internetnutzung zunehmend auf dem Markt durchsetzten. Hinzu kam, dass die Suchmaschine Google bereits 2007 eine OpenSocial-Initiative angekündigt hatte, wodurch es künftig möglich wurde, die Inhalte verschiedener Plattformen zusammenzuführen. Nachdem bei Facebook im Februar 2010 bereits 400 Millionen User aktiv waren, startete Google mit Google+ im Juni 2011 ein Konkurrenz-Netzwerk, welches aber bis heute hinter den großen Erwartungen zurückbleibt.

Der Social-Media-Boom hatte zur Folge, dass sich Informationen und auch Empfehlungen rasant verbreiten konnten. Anders als bei der klassischen Fernseh- und Print-Werbung war es nun möglich, dass persönliche Erfahrungen nicht nur mit dem eigenen Freundes- und Bekanntenkreis geteilt wurden, sondern auch mit Fremden Personen an weit entfernten Orten. Der Vorteil einer persönlichen Empfehlung ist, dass die Botschaften nicht durch Marketingabteilungen gefiltert und geschönt sind, sondern dass es sich um eine echte User Experience handelt.

Während Unternehmen in ihrer Werbung stets die positiven Eigenschaften eines Produktes hervorheben, werden die negativen Eigenschaften verschwiegen. Die zunehmend kritische Haltung von Verbrauchern gegenüber den Werbebotschaften führt dazu, dass mittlerweile nicht nur Resistenzen gegenüber diesen Botschaften entstehen – sondern auch Reaktanzen, also dass genau das Gegenteil bzw. eine Abneigung entsteht. Gleichzeitig erleben Kundenrezensionen in Shoppingportalen sowie in Sozialen Medien einen regelrechten Boom, da diese ohne kommerziellen (Verkaufs-)Druck sowohl die positiven als auch die negativen Eigenschaften eines Produktes oder einer Dienstleistung herausstellen und sich Kunden somit ein *realistisches* Bild machen können.

Mittlerweile ist die Entwicklung soweit, dass sich Kunden auf diese Empfehlungen und Rezensionen – ähnlich wie früher in den Werbebotschaften – verlassen. Dank dieser Entwicklung wurde es möglich, dass Influencern in sozialen Netzwerken zu wichtigen und einflussreichen Tippgebern wurden, die eben gerade wegen ihrer Meinung und vermeintlichen Objektivität geschätzt werden.

An Beispielen wie AlexiBexi, Bibi und Dagi Bee wird jedoch deutlich, dass sich die vermeintlich kritische und objektive Haltung von Influencern auch wieder umkehren kann, indem diese als Testimonials – also als „Gesichter von Produkten" auftreten und sich für ein Lob bezahlen lassen.

Neben der dargestellten Empfehlungs-Wirkung von Influencern auf potenzielle Käufer gibt es einen weiteren entscheidenden Vorteil für Unternehmen, weshalb diese in sozialen Netzwerken werben. Durch die Nutzerangaben auf den Plattformen (Alter, Geschlecht, Hobbies, ...) sowie das Nutzungsverhalten (welche Gruppen werden besucht, welche Seiten werden geliked, welche Freundschaften bestehen, welche Videos werden geklickt, ...) haben Unternehmen ein extrem detailliertes Bild über die Nutzer und können ihre Werbebotschaften äußerst zielgruppenorientiert streuen. Damit können Streuverluste vermieden werden und die potenziellen Käufer können sehr individuell angesprochen werden –

beispielsweise im Zusammenhang mit ihrer Lieblingsmusik, ihrem Lieblingsverein oder ihren sonstigen Hobbies.

Das sind die wichtigsten sozialen Netzwerke für Influencer

Die Social-Media-Welt kam mit *Facebook* so richtig ins Rollen. Ursprünglich war die Plattform für User gedacht, die Kontakte knüpfen und sich vernetzen wollten. Inzwischen ist Facebook aber zu einem unverzichtbaren Element im Marketingmix vieler Unternehmen geworden und vor allem für Influencer unverzichtbar.

Der große Vorteil von Facebook besteht darin, dass sowohl Unternehmen als auch Influencer hier unterschiedlichen Content produzieren können, um eine möglichst große Zielgruppe erreichen zu können. Weil es auf der Plattform möglich ist, Beiträge mit nur einem Mausklick zu liken oder teilen, können Posts sehr schnell verbreitet werden. Zudem bietet Facebook eine gute Grundlage, um auch die entsprechende Aufmerksamkeit auf anderen Plattformen zu bekommen. Jedoch besteht vor allem bei Usern mit vielen Kontakten die große Gefahr, dass neuer Content untergeht oder übersehen wird, weil auf der Timeline eine große Flut neuer Artikel angezeigt wird.

Generell sollte Facebook als eine Art *digitale Visitenkarte* betrachtet werden, die ordentlich gepflegt und solide erscheint. Influencer nutzen in der Regel *andere*

Plattformen um ihre Follower zu begeistern. Der Grund hierfür ist, dass Facebook zwar eine universelle Schnittstelle zu einer Vielzahl an Usern ist – bei der Content-Erstellung jedoch äußerst limitiert ist, da es sich um ein *textbasiertes* Netzwerk handelt. Der Nachteil bei textbasierten Inhalten ist, dass diese wenig Emotionen wecken und somit auch deutlich weniger geteilt werden als Inhalte, die viele Emotionen wecken. Lebendigere Inhalte sind insbesondere *Bilder*, da Farben und Optik die menschlichen Sinne stärker berühren als Text.

Am lebendigsten und somit am emotionalsten sind jedoch *Videos* da diese audiovisuell sind und neben der Bildsprache auch die Tonsprache beinhalten. Durch das bewegte Bild – und dies ist bereits im Fernsehzeitalter deutlich geworden – sind die Zuschauer deutlich stärker involviert als bei der Betrachtung von Texten und Bildern. Zu berücksichtigen ist dabei jedoch auch, dass Erstellung von Videos deutlich komplexer ist als beispielsweise das Posten von Bildern oder gar das Posten eines Textes. Auch wenn es grundsätzlich möglich ist, mit Texten und Bildern eine Followerschaft aufzubauen, sind die erfolgreichsten Influencer mit Videos aktiv.

YouTube

Die 2005 gegründete Plattform *YouTube*, mittlerweile das weltweit größte Video-Portal, ist somit die wichtigste Plattform für Influencer. Auf dieser Plattform ist es möglich, dass Benutzer kostenlos Videos einstellen und ansehen können. Viele User – so auch die Influencer – besitzen eigene Kanäle, auf welchen sie ausschließlich ihre eigenen Werke einstellen.

Schon in den Anfangsjahren wurden in den Videos auch zunehmend Produktplatzierungen in den verschiedensten Formen eingebunden. Mittlerweile ist eine zentrale Möglichkeit der Monetarisierung – also die Art und Weise wie Influencer Geld verdienen können – das Einblenden von Werbebannern oder Werbevideos bei YouTube. Insbesondere letzteres hat eine besondere Werbewirkung für Unternehmen, sodass diese YouTube als immer stärker bevorzugten Kanal – auch gegenüber der klassischen Fernsehwerbung – bewerten.

YouTube hat sich mittlerweile als digitales Unterhaltungsmedium etabliert und kannibalisiert insbesondere in der jungen Generation der 2000er immer stärker das klassische Fernsehen. Der entscheidende Vorteil aus Sicht der Zuschauer ist hierbei, dass sie Inhalte von Gleichgesinnten bekommen und die Inhalte somit deutlich relevanter sind als im klassischen Fernsehen. Zudem müssen die Zuschauer ihr Leben nicht nach den Sendezeiten im klassischen TV ausrichten, sondern können die Inhalte *On-Demand*, also wann und wo sie das gerne möchten, konsumieren.

Eine zentrale Funktion bei YouTube ist das Abonnement, wodurch YouTube-User stets über ihre bevorzugten Inhalte informiert werden und diese nicht verpassen. Die

Anzahl an Abonnenten ist somit die maßgebliche – zumindest quantitative – Kennzahl, wenn es darum geht, den Erfolg eines YouTube-Influencers zu bewerten.

Ähnlich wie Facebook ist YouTube sehr stark mit anderen Social Media Plattformen verknüpft. Influencer profitieren von dieser Plattform dadurch, dass sie die eingestellten Videos mit einem Mausklick in ihre Profile auf anderen sozialen Netzwerken publizieren können, was einen nicht zu unterschätzenden Vorteil bei der Steigerung der Relevanz und Anzahl der Follower darstellt.

Twitch

Die zweitwichtigste Video-Plattform für Influencer heißt *Twitch*. Das Alleinstellungsmerkmal von Twitch ist, dass es sich um ein auf Live-Gaming fokussiertes Portal ist. Damit ist Twitch in erster Linie für Influencer mit Gaming-Ausrichtung interessant.

Die besondere Herausforderung bei Twitch ist, dass hier hauptsächlich live performt wird – es gibt somit keinen Netz und doppelten Boden für Fehlleistungen sowohl in der eigenen Darstellung als Persönlichkeit als auch im Spiel selber.

Twitch ist dementsprechend dann als Plattform zu empfehlen, wenn ein erfolgreicher Gamer sich auch als Influencer profilieren und entwickeln möchte. Insbesondere der Entertainment-Faktor im Gaming –

entweder durch gute Skills oder eine humorvolle Präsentation des eigenen Spiels – spielt hierbei die zentrale Rolle.

Denkbar ist auch, zunächst auf YouTube die Resonanz des eigenen Spiels und der eigenen Kommentare zu überprüfen und – im Erfolgsfall – dies auch auf Twitch auszuweiten.

Instagram

Bei *Instagram* handelt es sich um eine Social Media Plattform, auf der sowohl Fotos als auch Videos kostenlos geteilt werden können. Instagram wurde 2010 gegründet und gehört mittlerweile zum Branchenprimus Facebook. In nur wenigen Jahren hat sich Instagram zu einem der größten sozialen Netzwerke entwickelt und ist heute eine unverzichtbare Säule für Influencer und werbetreibende Unternehmen.

Der Fokus von Instagram und seiner User liegt größtenteils auf Bildern sehr hoher Qualität, welche mithilfe von Hashtags promoted und gefunden werden.

Damit ist Instagram eine sehr Lifestyle-orientierte Plattform und insbesondere für Influencer im Mode- und Beauty-Segment interessant. Auch Influencer, die ihre Follower gerne mit auf Reisen nehmen und sogenannte Vlogs – also Video-Blogs – erstellen, zählen zu der Zielgruppe von Instagram.

Durch die Kombination von Lifestyle-Bildern und -Videos sind Instagram-Influencer eine interessante Zielgruppe für Unternehmen, die Produkte platzieren möchten. Diese können hier optimal in Szene gesetzt werden, ohne dabei als Werbebotschaft zu wirken. Die Kunst eines bildorientierten Influencers auf Instagram ist es somit, seine eigenen Botschaften mithilfe von Bildern und Hashtags zu transportieren, was den heutigen Zeitgeist der jungen Generation zwischen 15 und 35 Jahren trifft. Vor allem die Möglichkeit mit komplexen Bild-Filtern zu arbeiten und sein eigenes Bildmaterial dadurch aufzuwerten und attraktiv in Szene zu setzen, ist einer der Erfolgsfaktoren der Plattform Instagram sowie für die Influencer.

Snapchat

Die Plattform *Snapchat* wurde nur wenige Monate nach Instagram, nämlich im September 2011, gegründet. Hier haben die User die Möglichkeit, zehn-sekündige Videos zu allen möglichen Themen zu veröffentlichen. Zudem ist es möglich, auch Bilder zu posten und zu verschicken, wobei der jeweilige Nutzer einstellen kann, wie lange das jeweilige Bild für den Betrachter sichtbar sein soll. Allerdings hat diese Plattform einen nicht unerheblichen Nachteil: Die Bilder und Videos bleiben nur 24 Stunden lang sichtbar, bevor sie wieder gelöscht werden. Für Influencer bietet Snapchat allerdings den Vorteil, dass sie ihre Follower an ihrem Leben teilhaben lassen können, womit sie das notwendige Vertrauen aufbauen können. Weil Snapchat glaubwürdig, authentisch und echt ist, können die Influencer ihre Produktplatzierungen relativ unauffällig in den Alltag einbauen.

Ein entscheidendes Feature von Snapchat sind Live-Modifikationen, welche dazu geeignet sind, eigene Fotos entweder optisch deutlich aufzuwerten oder mit lustigen (Quatsch-)Motiven zu versehen. Diese Foto-Features haben mittlerweile eine derartig große Beliebtheit erlangt, dass Snapchat-Selfies auch auf anderen Portalen wie beispielsweise Instagram gepostet werden. Damit kann Snapchat besonders für Lifestyle-Influencer eine sinnvolle Ergänzung zu den Aktivitäten auf Instagram sein.

Twitter

Das soziale Netzwerk *Twitter*, welches 2006 gegründet wurde, bietet den Usern die Möglichkeit, Kurznachrichten im Telegrammstil zu veröffentlichen. Zu der DNA von Twitter gehört das Setzen von und die Kommunikation mit Hashtags.

Weil auf Twitter die Zahl der eingegebenen Zeichen begrenzt ist, haben Influencer lediglich die Möglichkeit, kurze Botschaften zu verfassen und mithilfe von populären Hashtags zu aktuellen Themen Stellung zu beziehen. Das Besondere ist hierbei, dass Twitter ein extrem schnelles Medium ist und die Twitter-Community auf aktuelle

Geschehnisse jeglicher Art sehr schnell reagiert. Als Influencer kann Twitter somit die Möglichkeit bieten, sich bei bestimmten Angelegenheiten zu positionieren. Für die Vermarktung von Produkten oder bei komplexeren Themen ist Twitter jedoch gänzlich ungeeignet und kann höchstens als Unterstützung bzw. Katalysator für die Aktivität auf anderen Plattformen wie YouTube oder Instagram dienen.

Darüber hinaus können Hashtags – oder auch Tools wie das TweetDeck – dazu genutzt werden, Trends schnell zu antizipieren, sodass diese auf anderen Plattformen schneller und im Ergebnis ausführlicher behandelt werden.

Im Ergebnis ist Twitter als stark textorientierte Social Media Plattform als alleinstehendes Medium für Influencer nicht zu empfehlen. Da Twitter jedoch über eine Vielzahl an Nutzern mit hoher Aktivität verfügt, ist es als flankierendes bzw. unterstützendes Medium für die zentral genutzten Plattformen von Influencern zu empfehlen.

Nicht empfehlenswerte soziale Netzwerke für Influencer

Neben den genannten Plattformen gibt es noch eine Vielzahl weiterer sozialer Netzwerke. Diese sind für Influencer aber aus unterschiedlichen Gründen nur bedingt interessant. Zu diesen Plattformen zählen etwa folgende:

Die Plattform *studiVZ* wurde im November 2005 als Community für Studenten gegründet. Obwohl die Plattform etwas holprig startete – zunächst ähnelte sie vom Design und Inhalt her zu sehr Facebook, woraufhin es nach einer Klage zu einer außergerichtlichen Einigung zwischen den beiden Plattformen kam, entwickelte sich dieses Projekt im deutschsprachigen Raum äußerst schnell. Weil die Plattform deshalb auch rasch in andere europäische Länder expandieren konnte, wurden schon rasch mit meinVZ und schülerVZ identische Plattformen für andere Zielgruppen gegründet. Die Plattformen außerhalb des deutschsprachigen Raumes mussten aber bereits 2009 wiedereingestellt werden, weshalb sich die VZ-Gruppe seither ausschließlich auf den deutschsprachigen Raum konzentriert. Ein dramatischer Rückgang der Besucherzahlen wurde ab Anfang April verzeichnet, als die VZ-Gruppe in ihrem Kernmarkt von Facebook überholt wurde. Schließlich meldete der Besitzer der Plattformen, die Poolworks Limited, im September 2017 die Insolvenz an, was den Betrieb der Plattformen aber zunächst nicht beeinträchtigte. Für Influencer ist ein Engagement auf dieser Plattform also eher nicht ratsam, weil sie sich möglicherweise vergeblich einen Stamm an Followern aufbauen, wenn die VZ-Gruppe eines Tages nicht mehr im Netz vertreten ist.

Google+

Bei Google+ handelte es sich um ein soziales Netzwerk des Suchmaschinenkonzerns Google. Nachdem sich 88 Tage nach dem Start bereits 40 Mio. User registriert hatten, galt Google+ als das am schnellsten wachsende soziale Netzwerk überhaupt. Allerdings ebbte der Hype um Google+ genauso schnell ab, wie er entstand. Dennoch hatte sich Google+ als das zweitgrößte soziale Netzwerk der Welt etabliert.

Ein großer Unterschied zu anderen sozialen Netzwerken bestand darin, dass die Teilnehmer in sogenannte Kreise aufgeteilt werden, wodurch jeder Nutzer andere Personen und Seiten nach Themen sortieren kann. Denkbar sind hier zum Beispiel Kreise wie Freunde, Bekannte und Familie — aber auch Kreise wie Technologie, Fußball und Wohnort. Jeder User entscheidet dabei selber, wer seinen Kreisen in welchen Kreisen hinzugefügt wird. Damit steuern User auf innovative Art und Weise, wem sie folgen und was sie sehen möchten. Damit verfolgte Google+ vom Community-Gedanken her einen anderen Ansatz als die übrigen Social Media Plattformen.

Auch wenn die Nutzerzahl insgesamt groß war, stand Google+ häufig in der Kritik, da insbesondere im deutschsprachigen Raum die Aktivität in diesem Netzwerk zu gering erschien. Dennoch vereinte Google+ viele Vorteile, da viele Vorteile von Facebook, Instagram und Twitter miteinander kombiniert werden. Im Jahr 2019 wurde Google+ für private Nutzer eingestellt, wodurch dieses Netzwerk keine Rolle mehr für Influencer spielt.

Myspace

Ursprünglich war *Myspace* dazu gedacht, kostenlos Daten im Netz zu speichern. Eine Community, deren Mitglieder Benutzerprofile mit entsprechenden Inhalten anlegen konnten, wurde erst im Juli 2003 gegründet. Anfangs verzeichnete Myspace bezüglich der Benutzerzahlen ein rasantes Wachstum – in Spitzenzeiten kamen täglich bis zu 230.000 neue Mitglieder hinzu. Auf dem Höhepunkt zählte Myspace nahezu 270 Millionen Mitglieder. Der Erfolg von Myspace basierte darauf, dass der Gründer Tom Anderson den deutlichen Schwerpunkt auf Musik setzte, sodass Bands und Musiker in einen direkten Kontakt mit ihren Fans treten konnten. Allerdings wurde Myspace in den folgenden Jahren von Facebook überholt, weil diese Plattform wesentlich mehr Möglichkeiten bot. Myspace ist also allenfalls noch für Influencer interessant, die im Bereich Musik agieren, da sich die Plattform schon seit mehreren Jahren auf dem absteigenden Ast befindet.

Xing

Das in Deutschland entstandene soziale Netzwerk Xing bietet den Usern die Möglichkeit, sowohl private als auch berufliche Kontakte zu pflegen. Genutzt wird Xing aber in erster Linie für geschäftliche Zwecke. Beispielweise können Freiberufler auf dieser Plattform ganz bequem an Aufträge kommen.

Für Influencer lohnt sich Xing also vor allem aus zwei Gründen: Sie können über die Plattform relativ problemlos an neue Aufträge kommen und sie können Kontakte finden, wenn es beispielsweise darum geht, neue Vertriebspartner für ein bestimmtes Produkt zu gewinnen. Als aktive Plattform für Influencer ist Xing jedoch nicht geeignet, da sich die Aktivität auf der Plattform insbesondere auf die eigenen Kontakte beschränkt. Zwar gibt es auch Foren und Gruppen, in welchen über berufliche, wirtschaftliche, wissenschaftliche und viele weitere Themen diskutiert wird – es gibt jedoch keine Möglichkeit zur Monetarisierung in Form von Werbung oder das Gewinnen von Followern und somit die Steigerung der eigenen Werberelevanz. Dennoch ist Xing – ähnlich wie Facebook – als eine unerlässliche und seriöse Visitenkarte in den sozialen Medien zu verstehen.

LinkedIn

Ähnlich wie mit Xing verhält es sich mit der amerikanischen Plattform LinkedIn. Das 2003 gegründete LinkedIn ist in erster Linie dazu gedacht, bestehende Geschäftskontakte zu pflegen und neue zu knüpfen.

Weltweit wird LinkedIn mittlerweile von über einer halben Milliarde Usern genutzt, darunter etwa elf Millionen aus dem deutschsprachigen Raum. Für Influencer ist diese Plattform genau wie bei Xing deshalb interessant, weil sie hier neue geschäftliche Kontakte knüpfen oder festigen können. Ihre Zielgruppen erreichen sie dagegen auch hier eher nicht.

Schritt 4: Umsetzung – Welche Ausstattung benötigst du?

Zunächst einmal halten sich die Kosten für User, die zum Influencer werden möchten, in einem überschaubaren Rahmen. Für den Einstieg in diese Welt des Marketing reicht schon ein handelsüblicher PC, ein Notebook oder ein Smartphone. Letzteres empfiehlt sich, weil der Influencer damit jederzeit auch von unterwegs aus an seiner Reichweite arbeiten kann.

Der angehende Influencer kann beispielsweise auch die Mittagspause oder ein paar freie Minuten zwischendurch die Beiträge anderer User liken und kommentieren, ohne an einen festen Ort gebunden zu sein. Außerdem sind aktuelle Smartphone-Kameras im Premium-Segment mittlerweile so gut, dass damit sogar ein Kinofilm gedreht werden kann, wie Film *Unsane - Ausgeliefert* im Jahr 2018 bewiesen hat. Eine gute Smartphone-Kamera ist somit bereits völlig ausreichend für Fotos und Videos.

Die Einstiegsbarriere für Influencer in Bezug auf das Equipment und die Ausstattung ist damit denkbar gering. Zudem sollte insbesondere beim Start als Video-Influencer ein möglichst sinnvoller Ort für die Video-Aufnahmen ausgewählt werden. Eine weiße Wand als Hintergrund wirkt dabei in der Regel genauso unprofessionell und blass wie die Position vor einem Fenster. Es ist genau zu beachten und penibel zu kontrollieren, was der Internet-Community aus dem Privatleben gezeigt werden sollte – und was nicht. Empfehlenswert ist es daher, sich auch von anderen Video-Influencern inspirieren zu lassen, welche Motive diese als Video-Background wählen.

Sobald sich die ersten Erfolge zeigen, sollte der Influencer natürlich auch in sein Equipment investieren, um die Qualität seines Contents weiterzuentwickeln.

Als erste Ausbaustufe sollten die Bereiche Bild und Ton weiterentwickelt bzw. professionalisiert werden. Dies kann insbesondere durch eine bessere Beleuchtung, ein stabiles Stativ und hochwertiges Ton-Equipment erreicht werden. Alleine durch diese drei Entwicklungsschritte kann ein Video deutlich professioneller wahrgenommen werden.

Diese Auswirkungen können am Beispiel des Technik-YouTubers Valentin Möller aufgezeigt werden, der – zugegebenermaßen mit einem entsprechend alten Smartphone – eine ganz deutliche Weiterentwicklung innerhalb der sechs Jahre erzielen konnte (im Übrigen auch Frisur-technisch, diesen Kommentar kann ich mir als Autorin an dieser Stelle einfach nicht verkneifen):

Valentin Möller im Jahr 2011:

https://www.youtube.com/watch?v=ewIFYRvQxsE

Valentin Möller im Jahr 2017:

https://www.youtube.com/watch?v=I7AEuJmJdnA

Softwareseitig sind gerade für den Einstieg günstige oder kostenlose Bild- und Videobearbeitungsprogramme zu empfehlen. Wie bereits dargestellt, reicht in vielen Fällen bereits der Filter in Apps wie Instagram aus. Auch die Fähigkeiten, wie ein Bild ideal geschossen wird, sind ein wichtiger Faktor und es sollte nicht versucht werden, handwerkliche Basisfähigkeiten durch teure Bildbearbeitung zu ersetzen. Als zweite Ausbaustufe sollten Influencer – sofern der zunehmende Erfolg bei Klicks, Likes und Shares dies rechtfertigt – auch ihr Equipment weiter professionalisieren. Für Fotos und Videos könnte eine höherwertige Spiegelreflex- oder Videokamera in Betracht kommen. Auch eine weitere Investition in einen Slider für Kamerafahrten ist denkbar. In der dritten Ausbaustufe ist auch die Anschaffung professioneller Software für die Bearbeitung von Fotos und Videos ein denkbarer Entwicklungsschritt, sofern dies zu den eigenen Zielen als Influencer und den Fähigkeiten mit diesen Programmen passt. Diese Programme können dazu geeignet sein, von den 95% auf die 100% zu kommen, weshalb sich die Investition erst dann auszahlt, wenn bereits der Erfolg als Influencer vorhanden ist. Hier empfehlen sich auf lange Sicht vor allem die Programme Adobe Photoshop und Avid. In diesem letzten Schritt kann auch das Equipment vollständig professionalisiert werden. Neben einer Weiterentwicklung der oben genannten Ausstattung sind beispielsweise auch Drohnen eine spannende Möglichkeit, um aufwändige Kamerafahrten zu inszenieren. Neben der Hardware- und Software-Ausstattung zählt das Anlegen der Social Media Accounts zu den notwendigen Vorarbeiten für den Start als Influencer. Dabei sollten die eigenen Ziele mit den Vor- und Nachteilen der bereits dargestellten Social Media Plattformen abgeglichen werden und auf dieser Basis entschieden werden, auf welchen Kanälen agiert wird.

Auch bei der Ausgestaltung der Social Media Accounts ist Liebe zum Detail gefragt. Es muss als Influencer stets bedacht werden, dass der eigene Account die Plattform und das Aushängeschild eines Influencers nach draußen ist und dementsprechend immer penibel gepflegt werden. Weiterhin sollten die gewählten Plattformen miteinander verknüpft werden. So ist es beispielsweise auf YouTube möglich, ein veröffentlichtes Video auch direkt auf anderen sozialen Medien zu veröffentlichen. Die Videos müssen also nicht auf jedem Kanal neu eingestellt werden, was einen nicht unerheblichen Zeitaufwand bedeutet und dementsprechend direkt bei der Einrichtung antizipiert werden sollte. Ein wichtiger Schritt bei der Vorarbeit und dem bevorstehenden Start als Influencer besteht außerdem darin, sich mit der Technik und der Software zu beschäftigen. Das bedeutet: Angehende Influencer müssen sich zumindest ein gewisses Grundwissen in der Fotografie und dem Videodreh aneignen und sich mit dem Umgang der entsprechenden Bearbeitungsprogramme vertraut machen. Sie können dann später, wenn es darum geht, einen entsprechenden Kreis von Followern aufzubauen, mehr produzieren und veröffentlichen, ohne dass die Qualität der Bilder und Videos darunter leidet. Denn ein schlechter Beitrag wird von den Followern schnell abgestraft. Dennoch sollte ein angehender Influencer stets den Mut haben, auch ein nicht perfektes Video zu veröffentlichen. Wie oben am Beispiel von Valentin Möller deutlich wurde, fängt jeder Influencer einmal klein an und muss auch bereit sein, Fehler zu produzieren. Auch wird nicht jedem ein Video, ein Foto oder ein Beitrag gefallen. Entscheidend ist hierbei, dass man als Influencer stets darauf achtet, sich fortlaufend zu optimieren, aus Fehlern zu lernen und mit jedem Beitrag besser zu werden.

Kapitel 3

Das Influencer 1x1 –

Als Influencer erfolgreich werden

Die Monetarisierung – Wie verdienst du als Influencer Geld?

Neben dem Einfluss, also der Anzahl Follower, Klicks, Likes und Shares, ist die Höhe des tatsächlichen finanziellen Einkommens das, was einen Influencer erfolgreich macht.

Viele heutzutage erfolgreiche Influencer hat es zunächst einmal gereizt, dass sie kostenlos Produkte testen können und auf coole Partys und Events eingeladen werden, ohne dass sie dafür Eintritt bezahlen müssen. Aus diesem Hobby ist mittlerweile ein richtiger Berufszweig im Marketing geworden. Denn Influencer sind in der Werbewirtschaft gefragt wie noch nie. Genau deshalb werden sie auch entsprechend gut bezahlt – vorausgesetzt natürlich, sie haben ausreichend Follower, die sie mit ihren Beiträgen erreichen. Die Follower sind somit eine zentrale Bemessungsgrundlage für das Einkommen von Influencern, da an dieser Zahl die Reichweite ermittelt wird. Extrem wichtig für den Einstieg ins Geschäft ist also eine entsprechende Präsenz in den sozialen Medien.

Ein eigenes Profil auf den einschlägigen sozialen Netzwerken wie Facebook, Twitter, YouTube und Instagram reicht aber nicht aus, um als Influencer Geld zu verdienen. Denn die meisten erfolgreichen Influencer haben in ihre Accounts viel Arbeit investiert, um ausreichend Follower zu bekommen und mit ihren Posts schließlich auch Geld zu verdienen. Die eigene Aktivität ist dabei maßgeblich, damit Follower regelmäßig die entsprechenden Beiträge klicken. Dabei gibt es grundsätzlich vier Möglichkeiten, wie Influencer Geld verdienen können:

1)   Werbeeinblendungen, Werbeklicks und Affiliate

Insbesondere bei YouTube verdienen Influencer damit Geld, dass im Vorfeld ihres Videos und auch zwischendrin Werbung eingespielt wird. Dies können zum einen Werbevideos sein und zum anderen Werbebanner. Wird diese Werbung geklickt und dadurch sogar ein Kauf generiert, kommt häufig das sogenannte Affiliate-Marketing ins Spiel. Das bedeutet, dass der Werbende – also in diesem Fall der YouTuber – eine Verkaufsprovision für das beworbene oder getestete Produkt erhält. Zum Teil wird der Affiliate-Part auch bewusst vom YouTuber entkoppelt bzw. selber hinzugefügt, indem er einen Produktlink in die Beschreibung seines Videos erwähnt und für Verkäufe über diesen Link Provisionen erhält.

Die Werbeeinblendungen bzw. *Ads* (Kurzform für Advertisements) sind sozusagen das Grundeinkommen für Influencer. Vor allem bei YouTube kann theoretisch jeder, der Views auf seinem Video erhält, damit Geld verdienen. Gerade für den Einstieg gibt es hierfür eine Faustregel, anhand derer grob geschätzt werden kann, wieviel ein YouTuber an einem Video verdient:

Man nehme einfach die Anzahl der Aufrufe in einem Video und streicht die letzten zwei Stellen auf der rechten Seite – somit erhält man in etwa den Euro-Betrag, den der Verfasser des Videos durch Werbeeinblendungen verdient hat. Bei einem Video mit 10.000 Aufrufen wären dies also etwa 100 EUR. Bei einem Video mit 100.000 Aufrufen geschätzt 1.000 EUR und ein Video welches die Millionen-Marke knackt, generiert ungefähr 10.000 EUR Einkommen.

Es ist klar, dass ein Video mit 1 Mio. Klicks nicht vom Himmel fällt und hier viele Faktoren stimmen müssen (zum Beispiel die Anzahl der Follower, Relevanz des Themas, Verbreitung durch Mund-zu-Mund-Propaganda bzw. Teilen und vieles mehr). Auch 10.000 Aufrufe sind bereits eine beachtliche Zahl, ist aber mit der richtigen Strategie auch nicht unrealistisch.

Grundsätzlich gilt: Content before Clicks. Es ist definitiv nicht zu empfehlen direkt am Anfang auf „Klickjagd" zu gehen, um Geld zu verdienen. Wenn der Content kontinuierlich stimmt, kommen die Klicks von alleine – mit monatlich 2-3 Videos im 5-stelligen Bereich kann somit bereits ein attraktives Nebeneinkommen und finanzielles Grundrauschen erzeugt werden.

2) Dauerleihstellungen für Produkte

Eine indirekte aber dennoch lukrative Methode, wie ein Influencer seine Tätigkeit monetarisieren kann, ist die Annahme von sogenannten Dauerleihstellungen. Das heißt, dass dem Influencer Produkte zum Testen bereitgestellt werden und er diese im Anschluss an den Test behalten kann und nicht zurückschicken muss.

3) Vertragsabschluss als Werbeträger/Testimonial

Der übliche Weg besteht darin, dass sich ein Unternehmen an den Inhaber eines Accounts oder eines Kanals wendet und zunächst einmal kostenlose Produkte anbietet, die der Influencer testen kann und anschließend behalten darf.

Bei erfolgreichen Influencern geht die Geschäftsbeziehung aber soweit, dass Unternehmen diese als Werbeträger bzw. Testimonials mitunter unter Vertrag nehmen und somit in ihren Marketing-Mix integrieren. Die Professionalisierung geht soweit, dass Unternehmen die Produktionskosten für Bilder und Videos, Reisekosten – beispielsweise für Events oder spezielle Locations – und selbstverständlich das Gehalt des Influencers übernehmen.

Auch hier gibt es eine Faustregel, wie viel Geld ein Influencer durch die Kooperation mit einem Unternehmen verdienen kann. Ein professioneller YouTuber, welcher auf seinen Videos eine Reichweite von ca. 1 Mio. Klicks erzeugen kann, erhält für ein Testvideo mit 3-4 Minuten Länge – beispielsweise ein Technik-Unboxing – einen geschätzten Betrag in Höhe von 2.000 EUR bis 4.000 EUR. Der Clou dabei: Erfolgreiche Influencer nehmen nach Ablieferung der versprochenen Reichweite die Videos wieder offline und verknappen somit die Werbeleistung für Unternehmen. Soll ein Video beispielsweise länger als 2 Wochen auf dem entsprechenden YouTube-Kanal liegen, lassen sich erfolgreiche YouTuber dies entsprechend bezahlen. Vorausgesetzt ist dabei natürlich immer, dass der produzierte Content hochwertig ist, die Reichweite für das Unternehmen stimmt – und die Medialeistung des Influencers somit einen entsprechenden Gegenwert hat.

Werden darüber hinaus sogar dritte Unternehmen hinzugezogen – wird das Video also beispielsweise auch für eine Handelsplattform wie MediaMarkt.de oder Amazon.de genutzt – lassen sich Influencer auch dies vergüten und verlangen entsprechende Aufschläge oder vereinbaren eine Erfolgsbeteiligung.

Aus Unternehmenssicht hat sich somit das Engagement von Influencern im Rahmen des Social Media Marketings als feste Säule etabliert, bei der Influencer häufig einer Kosten-Nutzen-Rechnung unterliegen. Hierbei werden insbesondere quantitative Kennzahlen – also Follower, Likes, Shares und Kommentare – herangezogen. Darüber hinaus wird jedoch der Wert eines Influencers daran gemessen, was er äußert, wer seine Zielgruppe ist und wie stark die Follower mit ihm interagieren.

Mittlerweile gibt es zudem Agenturen, die populäre Influencer eigenständig unter Vertrag nehmen und die Influencer selber vermarkten und an Unternehmen vermitteln. Für Influencer besteht hier die Chance, dass Unternehmen früher auf sie aufmerksam werden. Denn ein Unternehmen muss nur eine einzelne Agentur mit einem Thema kontaktieren und die Agentur wählt hierbei den passenden Influencer aus. Gerade am Anfang, wenn die Reichweite noch nicht so groß ist, kann dies ein erster Einstieg für Influencer sein.

Später – je erfolgreicher Influencer werden – vermarkten diese sich selber, da eine Agentur immer eine Provision für die Vermittlung verlangt und die Selbstvermarktung ab einer gewissen Anzahl an Followern lukrativer wird. Gerade für den Einstieg ist der Vertragsschluss mit einer Agentur jedoch ein großer und wichtiger Schritt, da dieser sowohl bei der Verbesserung der Reichweite sowie einem ersten Grundeinkommen weiterhilft.

4)   Flankierende Verdienstmöglichkeiten

Denkbar ist darüber hinaus auch, dass es flankierende Verdienstmöglichkeiten für Influencer gibt. Dies können beispielsweise Auftritte bei Veranstaltungen als Redner sein. Weiterhin ist denkbar, dass Influencer über Merchandising-Artikel wie T-Shirts ein zusätzliches Einkommen erzeugen. Auch das Schreiben und die Veröffentlichung eines Buchs kann dazu führen, dass Influencer eine weitere Einkommensquelle auftun. Entscheidend ist hierbei, dass eine entsprechend große Masse an Followern vorhanden ist, die sich entsprechend für den Influencer interessieren und bereit sind, dafür Geld zu bezahlen. Insgesamt sind der Kreativität hierbei keine Grenzen gesetzt.

Insbesondere der dritte Punkt bei der Frage, wie Influencer Geld verdienen, bietet Unternehmen den Vorteil, dass sie direkt ein bestimmtes Publikum bzw. Zielgruppe erreichen. In aller Regel haben die Follower eines Influencers ähnliche oder sogar gleiche Interessen.

Influencer mit einer entsprechen großen Reichweite und Qualität lassen sich ihre Dienste inzwischen auch sehr gut bezahlen. Spitzenverdiener bringen es in Deutschland sogar auf einen Stundensatz von bis zu 60.000 Euro. Gerade als Anfänger darf man sich jedoch nicht von diesen schwindelerregenden Zahlen blenden lassen und sollte versuchen, durch starken Content zu überzeugen und sich nicht von unrealistischen Verdienstmöglichkeiten treiben zu lassen.

Die Ansprache – Wie nimmst du deine Zielgruppe richtig mit?

Nachdem nun die finanziellen Verdienstmöglichkeiten von Influencern aufgezeigt wurden, kommen wir zu der richtigen Ansprach für die Follower. Der unbestritten größte Vorteil besteht darin, dass die Postings eines Influencers einen privaten Charakter haben. Obwohl Werbung auch in Social-Media-Kanälen als solche gekennzeichnet werden muss, sind Kampagnen hier meist deutlich erfolgreicher, als es bei der konventionellen Werbung der Fall ist. Wichtig ist in diesem Fall allerdings, dass der Influencer bei seinen Followern glaubwürdig wirkt – und auch glaubwürdig ist. Deshalb sollte der Influencer auch eine Zusammenarbeit ablehnen, wenn diese nicht zu seinem Account oder Kanal passt und er nicht mit voller Überzeugung dahintersteht. Ganz gleich, welche Plattform genutzt wird, vor allem müssen Influencer eines beachten: Sie müssen ehrlich, lustig und offen sein, wie eine gemeinsame Studie von Jung von Matt, Facelift und Brandnew ergeben hat, für die 1.200 Influencer befragt wurden. Unternehmen, die auf der Suche nach Influencern für ihre Kampagnen sind, achten neben der Sympathie vor allem darauf, wie passgenau der Influencer für das Unternehmen ist und wie nachhaltig sich die Kampagnen platzieren lassen. Wichtige Fragen lauten deshalb: Wie gut ist die Zielgruppe vertreten? Wie gut harmonisiert der Stil des Influencers mit der Unternehmensphilosophie? Könnte es durch die Zusammenarbeit zu Problemen kommen? Wie zuverlässig ist der Influencer?

Ein entscheidender Faktor: der eigene Stil

Die Follower lieben es, wenn der Inhaber eines Accounts einen ganz eigenen Stil entwickelt. Bezogen auf die Gestaltung des Accounts bedeutet das: minimalistische Designs und viel Weißraum. Aber auch wer regelmäßig viele bunte Fotos veröffentlicht, kann davon ausgehen, in der Community viele Fans zu finden, solange diese lebendig sind und Emotionen wecken. Sobald die angehenden Influencer ihren eigenen Stil – sowohl beim Account als auch bei der Gestaltung der Beiträge – gefunden haben, müssen sie diesem natürlich auch treu bleiben.

Natürlich kann der User gerade in der Anfangszeit noch ein wenig experimentieren, um seinen Stil zu finden. Dauerhaft sollten die jeweiligen Aufnahmen aber stets auf die gleiche Weise bearbeitet und mit denselben oder zumindest ähnlichen Filtern versehen werden. Wichtig ist es natürlich auch, dass der angehende Influencer die wichtigen Basics beachtet. So müssen die Bilder selbstverständlich stets scharf und auf die richtige Weise mit dem richtigen Fokus ausgerichtet sein. Ein weiterer wichtiger Faktor ist ferner die Auswahl des richtigen Hintergrundes. Wenn dann der persönliche Stil erst einmal gefunden ist, wirkt der Account dank dieser Kombination auf den Betrachter schon auf den ersten Blick gut durchdacht und professionell.

Immer aktuell bleiben

Eine absolute Pflicht für Influencer ist es, sich in ihrem jeweiligen Fachgebiet stets auf dem Laufenden zu halten, neue Trends zu erkennen und aufzugreifen. Im besten Fall ist der Influencer in seinem Thema sogar besser informiert als alle anderen, sodass die Follower bei jedem Besuch auch wirklich etwas Neues erfahren.

In verschiedenen Branchen sollten die Influencer außerdem in jedem Fall die jeweilige Saison beachten. Im Bereich Ernährung sollten beispielsweise Rezeptideen oder Menüvorschläge für wichtige Feste wie Weihnachten oder Ostern nicht fehlen, während in Accounts zum Thema Garten durchaus auch Pflegetipps für den Garten im Frühling gegeben werden können. Je mehr konkrete Empfehlungen die Influencer dabei geben können, umso besser. Das macht sie zu einem Vorbild, dem ihre Follower gern nacheifern. Erhalten die User konkrete Tipps, ist auch die Wahrscheinlichkeit umso größer, dass sie dem Influencer treu bleiben und seinen Account immer wieder gerne besuchen. Ganz entscheidend ist, dass ein Influencer einen spürbaren Nutzen für seine Follower stiftet.

Seinen Grundsätzen treu bleiben

Erfolgreiche Influencer sollten keinesfalls in erster Linie nur auf das schnelle Geld schielen und – das wäre der Worst Case – dies die Follower merken lassen. Kooperationen mit Unternehmen und Marken werden dementsprechend nur mit Unternehmen und Marken eingegangen, die zum eigenen Profil passen. Denn auch die Follower wissen es zu schätzen, wenn sie wissen, dass der Influencer nicht jedes Angebot annimmt, sondern entsprechend selektiert.

Das richtige Auftreten für den Aufbau der eigenen Marke

Damit die Follower dem Influencer treu bleiben, sollte er möglichst sympathisch auftreten. Das erreicht er beispielsweise dadurch, dass er in den Postings und Kommentaren auch die eine oder andere Schwäche von sich preisgibt, was ihn einfach menschlicher macht. Zusätzlich kann der Influencer in seine Postings wiederkehrende Elemente einbauen. Etwa die Videos mit einheitlichen Intros und Outros versehen, Jingles einbauen oder zu Beginn oder am Ende des Postings einen markigen Spruch schreiben – natürlich sollte das keinesfalls kitschig wirken. Sinnvoll ist darüber hinaus auch, einen eingängigen Claim zu entwickeln. Dieser schafft bei den Followern einen Wiedererkennungswert und verankert die ganz persönliche Botschaft des Influencer wiederkehrend bei den Followern.

Das Handwerkliche –
Wie begeisterst du deine Follower?

Gerade bei Influencern ist es nicht ausschließlich entscheidend welche Inhalte transportiert werden, sondern insbesondere *wie* diese verpackt und verkauft werden. Insbesondere bei Portalen mit audiovisuellem Bezug – beispielsweise Instagram, Facebook und vor allem YouTube – ist handwerkliches Geschick notwendig, um die Follower zu begeistern.

Wie wird ein Video richtig gut?

Influencer, die mit Videos arbeiten, brauchen nicht nur ein gutes Auge, um die entsprechenden Motive optimal in Szene zu setzen, sie sollten auch einige Feinheiten beachten. Denn grundsätzlich gilt bei Videos, dass sie umso besser sind, je kürzer und knackiger sie sind. Das heißt, der Influencer sollte im Idealfall unnötige Längen vermeiden und mit kurzen Schnitten arbeiten, die auch einen schnellen Szenenwechsel ermöglichen. Dafür sind natürlich entsprechende Kenntnisse in Videobearbeitungs-programmen erforderlich. Eine enorme Hilfe ist hierbei erneut der Blick zu anderen erfolgreichen Influencern: Wie sehen deren Videos aus und wie schaffen sie es, längen in ihren Videos gänzlich zu vermeiden?

Video-YouTuber wählen sehr harte Schnitte und überblenden Szenen, in denen sie nichts von sich geben. Der Vorteil ist hierbei, dass ein Video stets rasant wirkt und laufend Informationen vermittelt werden. Außerdem fällt dem Zuschauer nicht auf, wenn eine Missglückte Szene herausgeschnitten wurde, da ständig Schnitte und Sprünge im Video vorhanden sind.

Insbesondere bei Lifestyle-Themen empfiehlt es sich, die Videos mit einer guten und passenden Musik zu unterlegen. Allerdings müssen Influencer dabei einiges beachten: Verwenden sie ein urheberrechtlich geschütztes Stück, müssen sie zwingend die Erlaubnis des Urhebers einholen. Ferner sollten sie darauf achten, ein GEMA-freies Stück zu verwenden. Der Grund: Das unerlaubte Verwenden von bekannten Musikstücken kann hohe Strafen nach sich ziehen. Die GEMA wiederum verlangt für die entsprechende Verwendung eine Gebühr, deren Höhe sich üblicherweise nach der Zahl der Aufrufe richtet. Erfolgreiche Influencer müssen unter Umständen also tief in die Tasche greifen.

Gerade durch die Einbindung von Musik können jedoch Emotionen weiter verstärkt werden und ein sehr gutes Video zu einem perfekten Video gemacht werden. Die Einbindung möglichst vieler Sinne – und dies in möglichst perfekter Abstimmung – ist dabei der Schlüssel zum Erfolg.

Die Königsdisziplin im Video-Bereich ist die Einbindung von Drohnen, welche spektakuläre Kameraaufnahmen bzw.

Kamerafahrten ermöglichen. Auch wenn diese nicht für jeden Einsatzzweck geeignet sind und die Investition sehr teuer ist, kommt der Einsatz zumindest bei den (Semi-)Profis hin und wieder vor. Was durch den Einsatz von Drohnen möglich ist, kann in unzähligen Videos auf YouTube bestaunt werden. Gerade im Lifestyle- und Reise-Segment ist dies ein erheblicher Mehrwert.

Der Erfolg –
Wie gewinnst du Relevanz und Follower?

Wie schnell ein normaler User zum Influencer werden kann, zeigte Eva Fischer – Volontärin beim Handelsblatt – in einem Selbstversuch. Sie hatte bei Instagram zunächst 3.000 Fans, nahm anschließend professionelle Hilfe in Anspruch und es sollte nur drei Monate dauern, bis die Zahl ihrer Follower auf 10.000 angewachsen war.

Vor dem Start des Experiments hatte sie die Hilfe der Digitalagentur Torben, Lucie und die Gelbe Gefahr (TLGG) in Anspruch genommen, deren Marketing-Experten zunächst ein vernichtendes Urteil fällten: Ihr Account habe keine einheitliche Bildsprache, zudem wisse der Besucher nicht, wer sie sei und was die Inhalte überhaupt sollen. Kritisiert wurde ferner, dass die Bilder nicht zueinander passen würden und insgesamt kein Konzept im Account sichtbar sei. Zudem seien keine Selfies gepostet worden, wodurch Eva Fischer auf die Follower unnahbar wirke.

Sie befolgte also den Rat der Marketing-Experten, arbeitete an der Qualität der Bilder und postete täglich mindestens ein Foto auf Instagram und setzte Hashtags, damit ihr Account besser gefunden wurde. Sobald sie etwas gepostet hatte, arbeitete Eva Fischer mindestens eine Stunde lang daran, die Reichweite zu verbessern: Sie folgte anderen Accounts, kommentierte dort die Postings, likte die Bilder und reagierte auf Kommentare.

Eva Fischer hatte den Rat der Agentur befolgt und die Zahl ihrer Follower war bereits nach zweieinhalb Wochen auf 5.300 angestiegen. Daraufhin meldete sie sich bei verschiedenen Influencer-Portalen an, auf welchen Unternehmen Ausschreibungen für ihre Kampagnen veröffentlichen, auf welche sich die Influencer bewerben können. Nachdem Eva Fischer etwa 8.000 Follower hatte, kamen auch die ersten Agenturen auf sie zu, die ihr eine Zusammenarbeit anboten. Nur drei Monate sollte es dauern, bis die Marke von 10.000 Followern geknackt war und sich Fischers Marktwert verdoppelt hatte.

Dieses Beispiel zeigt, dass nur mit dem notwendigen Know-How, entsprechender Liebe zum Detail, Ehrgeiz und der richtigen Strategie ein Erfolg als Influencer möglich ist. Daher folgen nun eine Vielzahl an Tipps und Tricks, die für einen erfolgreichen Einstieg als Influencer hilfreich sind.

Sich selbst treu bleiben

Die wichtigste Eigenschaft eines angehenden Influencers ist seine Authentizität. Influencer sollten sich also selbst treu bleiben und sich keinesfalls verstellen, nur weil das den Followern gefallen könnte. Keinesfalls darf der Influencer abheben, wenn er eine bestimmte Zahl an Followern erreicht hat, die ihn für die Werbewirtschaft interessant macht. Denn wenn ein Follower einmal in

Ungnade gefallen ist, sind die Follower noch schneller wieder verloren, als sie gewonnen wurden.

Sei Experte in deiner Nische

Wie die Beispiele erfolgreicher Influencer zeigen, sollten sich angehende Influencer ihre persönliche Nische suchen, in der sie Experte sind und einen spürbaren Nutzen für potenzielle Follower stiften. Denn hier bringen sie bereits ein entsprechendes Know-How mit, das sie auch nach außen präsentieren können. Dazu gehört aber auch, dass Influencer dieses Expertenwissen verständlich darlegen können und ihre Follower mit diesen interessanten Inhalten an sich binden. Ein Erfolgsfaktor ist definitiv die Fähigkeit der didaktischen Reduktion, also komplexe Sachverhalte einfach darzustellen. Hintergrundwissen ist beispielsweise eher bei technischen Themen gefragt, während es beispielsweise in der Modebranche darum geht, möglichst schnell über die neuesten Trends zu berichten. Dadurch stellen die Influencer sicher, dass ihnen ihre Followerschaft, die ähnliche Leidenschaften und Interessen hat, auch treu bleibt und sich entsprechend gut und intensiv engagiert.

Ganz gleich, ob es sich um Bewertungen oder Tipps handelt: Je wertvoller die veröffentlichten Inhalte sind, umso mehr ist gewährleistet, dass sich ein Influencer als nützliche und vertrauenswürdige Stimme etablieren kann. Denn je nützlicher und wertvoller die geposteten Beiträge für den einzelnen Follower sind, umso größer ist die

Wahrscheinlichkeit, dass er den Account oder den Kanal des Influencers täglich besucht und auch die eine oder andere Empfehlung ausspricht.

Ein wichtiges Element: die Hashtags

Wer als angehender Influencer an den Start geht, kann mit Hilfe von Hashtags eine weitaus größere Reichweite erzielen, als es die Zahl seiner Follower erahnen lässt. Die Voraussetzung dafür besteht allerdings darin, die Hashtags so zu wählen, dass sie optimal zum jeweiligen Motiv passen. Die perfekten Hashtags können angehende Influencer durch einfaches Googlen ermitteln, weil es diverse Seiten im Netz gibt, auf welchen Hashtags nach Themen geordnet aufgelistet sind. Zwar lässt sich mit englischsprachigen Hashtags in aller Regel eine wesentlich größere Reichweite erzielen als es mit deutschsprachigen der Fall ist. Die Verwendung englischer Hashtags macht allerdings häufig nur Sinn, wenn die Posts auch in englischer Sprache verfasst werden. Auf Instagram sollten sich idealerweise zwischen neun und elf Hashtags in einem Posting oder in einem Kommentar befinden.

Aktivität ist gefragt

Angehende Influencer sollten regelmäßig posten und dabei ihren Followern auch erzählen, was sie gerade beschäftigt und was sie machen. Denn wer zumindest einen kleinen Einblick in seine Gedankenwelt gibt, erhält dadurch in aller Regel mehr Kommentare und Likes. Influencer sollten ihren Followern dafür im Gegenzug aber auch etwas zurückgeben, beispielsweise, indem sie den Account eines Followers besuchen und Kommentare oder Bilder liken, die ihnen gefallen. Zudem kann es nicht schaden, sich relevante Hashtags bei anderen Influencern näher anzusehen und bei diesen auch den einen oder anderen Kommentar zu hinterlassen. Vielleicht lässt sich dadurch ja auch eine Idee finden, die im eigenen Account umgesetzt werden kann. Das wichtigste ist jedoch, die Aktivität nicht abreißen zu lassen, da Inaktivität in den sozialen Netzwerken häufig abgestraft wird und die Relevanz eines Influencers nach einem mühsamen Aufbau vergleichsweise schnell wieder zurückgeht. Hier ist eine entsprechende Beharrlichkeit die absolute Grundvoraussetzung für den Erfolg.

Qualität geht vor Quantität

Zwar sollten angehende Influencer regelmäßig posten, andererseits sollten sie die Follower aber besser nicht mit Bildern bombardieren und im Stundentakt posten, schließlich leidet darunter ja auch die Qualität der Bilder. Als Faustregel gilt, dass Influencer maximal vier Posts pro Tag veröffentlichen sollten. So manche erfolgreiche Influencer arbeiten sogar noch minimalistischer und veröffentlichen lediglich ein Bild täglich. Wichtig ist aber auch die Uhrzeit, wann ein Posting erfolgt: Sehr oft sind Postings, die morgens oder abends gemacht werden, wesentlich erfolgreicher als solche, die während des Tages veröffentlicht werden. Der Grund dafür ist simpel: Follower checken ihre Accounts in den meisten Fällen, wenn sie auf dem Weg zur Arbeit sind oder nach Feierabend. Dann haben sie nämlich auch die nötige Zeit und Muße, sich ausgiebig mit den Postings zu beschäftigen und den einen oder anderen Kommentar zu hinterlassen.

Keinesfalls dürfen Influencer beim Posting von Bildern die Bildunterschriften vernachlässigen. Vor allem erfolgreiche Influencer arbeiten mit langen Bildunterschriften. Der Grund: Sie geben gegenüber den Followern etwas von sich preis und wirken damit umso authentischer.

Die Follower und Interaktionen als Erfolgsindikator

Das größte Kapital eines Influencers ist die Zahl seiner Follower bzw. Abonnenten, weil sich nach der möglichen Reichweite auch der Marktwert richtet, den der Influencer hat. Wer als Influencer so einflussreich wie beispielsweise Bibi, die geschätzte 100.000 Euro pro Monat verdient, werden möchte, muss also möglichst viele Follower auf seinen Account ziehen.

Zwar gibt es eine in der Szene höchst umstrittene Möglichkeit, schnell an viele Follower zu kommen, von dieser ist aber *unbedingt abzuraten*: Bei einigen Anbietern können Follower für einen geringen Preis gekauft werden. Jedoch handelt es sich bei den gekauften Followern meist um Fake-Accounts, hinter denen keine realen Menschen stehen. Oft fehlen bei diesen Accounts Bilder und sie tragen kryptische Namen. Wer mit gekauften Followern arbeitet, riskiert auch, dass sein Account gelöscht wird. Zudem gibt es inzwischen diverse Analyse-Tools, mit deren Hilfe Unternehmen den tatsächlichen Marktwert ihrer möglichen Kooperationspartner einschätzen können. Der organische und natürliche Aufbau eines Kreises von Followern – der natürlich auch entsprechend länger dauert – ist für Influencer langfristig gesehen also die deutlich bessere Alternative.

Werbetreibende setzen deshalb seit einiger Zeit auch auf kleinere Kanäle, die sogenannten „Micro-Influencer". Der Grund: Die Zielgruppe ist hier meist wesentlich engagierter, als es bei großen Kanälen der Fall ist. Darüber hinaus sind die Kosten wesentlich geringer, sodass mehrere Kanäle bedient werden können, ohne dass das Budget erhöht werden muss. „Micro-Blogger" empfehlen sich deshalb vor allem für Unternehmen, die erste Erfahrungen im Influencer-Marketing machen möchten, kleine und mittelständische Unternehmen, Start-ups und Unternehmen mit sehr spezifischen Zielgruppen. Beispielsweise hat der Freizeitpark „Walibi Holland" 30

Videos mit insgesamt 17 YouTubern produziert und damit mehr als drei Millionen Views, rund 9.000 Kommentare und etwa 117.000 Likes erreicht.

Die Zahl der Interaktionen auf ein Posting ist ein ebenso wichtiger Indikator für den Erfolg einer Kampagne wie die Engagement Rate. Letztere wird dadurch berechnet, indem sämtliche Kommentare und Likes addiert und durch die Zahl der Follower geteilt wird. Möglich ist es ferner, das Engagement zu einem einzigen Posting, das ein bestimmtes Wort enthält, zu überprüfen. Zudem kann außerdem eine Analyse durchgeführt werden, in deren Rahmen die Kanäle sowie der Tenor der Kommentare überprüft wird. Falls diese größtenteils positiv sind, gilt eine Kampagne als erfolgreich, weil die richtige Zielgruppe erreicht wurde.

Essenziell wichtig: das Netzwerken

Influencer, welche die Zahl ihrer Follower effektiv erhöhen wollen, sind gut beraten, wenn sie eine Beziehung zu diesen aufbauen, beispielsweise, indem sie deren Fragen beantworten. Auch die Teilnahme an Konferenzen und Veranstaltungen der verschiedensten Art – sofern sie thematisch zur sonstigen Tätigkeit passen – ist ratsam. Der Grund: hier haben Influencer und Follower die Möglichkeit, sich von Angesicht zu Angesicht kennenzulernen.

Unterschiedliche Plattformen bedienen

Zwar bedeutet es einen nicht unerheblichen Mehraufwand, wenn der Influencer auf mehreren Plattformen aktiv ist und dort sein Profil pflegen muss. Doch dieser Aufwand lohnt sich, weil er damit zugleich seine persönliche Marke festigt und die Reichweite enorm erhöhen kann. Zugleich bietet die Präsenz auf mehreren Plattformen dem Influencer, seine Kreativität richtig auszuleben. Betreibt der Influencer zudem noch einen eigenen Blog, bietet ihm das zusätzlich die Möglichkeit, den Followern persönliche Anekdoten zu erzählen und Tipps zu geben. Um den Überblick über die Aktivitäten nicht zu verlieren, empfiehlt es sich, mit einem Redaktionsplan zu arbeiten.

Kapitel 4

Die Checkliste –

Schritt für Schritt zum Influencer

Der Anfang ist gemacht, die grundlegenden Regeln um als Influencer zu starten wurden in den vorangegangenen Kapiteln dargestellt. Und eigentlich ist es gar nicht so schwer, zu einem Influencer zu werden, wenn diese Grundregeln beachtet werden. Die nun folgende Checkliste soll dabei helfen, Schritt für Schritt zum Influencer zu werden, mit diesem Hobby Geld zu verdienen – und vielleicht sogar irgendwann von dem Engagement in den sozialen Medien leben zu können.

Diese Checkliste soll nicht nur einmalig, sondern regelmäßig dazu dienen, das eigene Handeln zu reflektieren und sich vom Start als Influencer hin zum Profi weiterzuentwickeln.

Viel Erfolg.

1: Die Vorarbeit

○   Von welchen Influencern möchtest du etwas abgucken?

○   Wofür möchtest du als Influencer stehen?

○   Welche Nische möchtest du adressieren?

○   Welche Plattformen möchtest du wie bearbeiten?

o   Welches Equipment benötigst du und was hast du bereits?

○ Welche Software benötigst du und welche hast du bereits?

○ Wie verbesserst du deine handwerklichen Fähigkeiten?

- Wie möchtest du Geld verdienen?

2: Der Start

○   Wie möchtest du deine Follower ansprechen?

- Wann und wie oft möchtest du Beiträge veröffentlichen?

○ Wie kannst du deine Beiträge verbessern?

- Wie kannst du deine Reichweite erhöhen?

3: Die Professionalität

o   Wie kannst du dich in deiner Nische weiterentwickeln?

- Wie kannst du mit deiner Aktivität mehr Geld verdienen?

- Wie kannst du dein Netzwerk sinnvoll ausbauen?